Ab 1. Lernjahr

F. Heitmann & B. Shirazi

So lerne ich Deutsch 2

... weiter nach und nach!

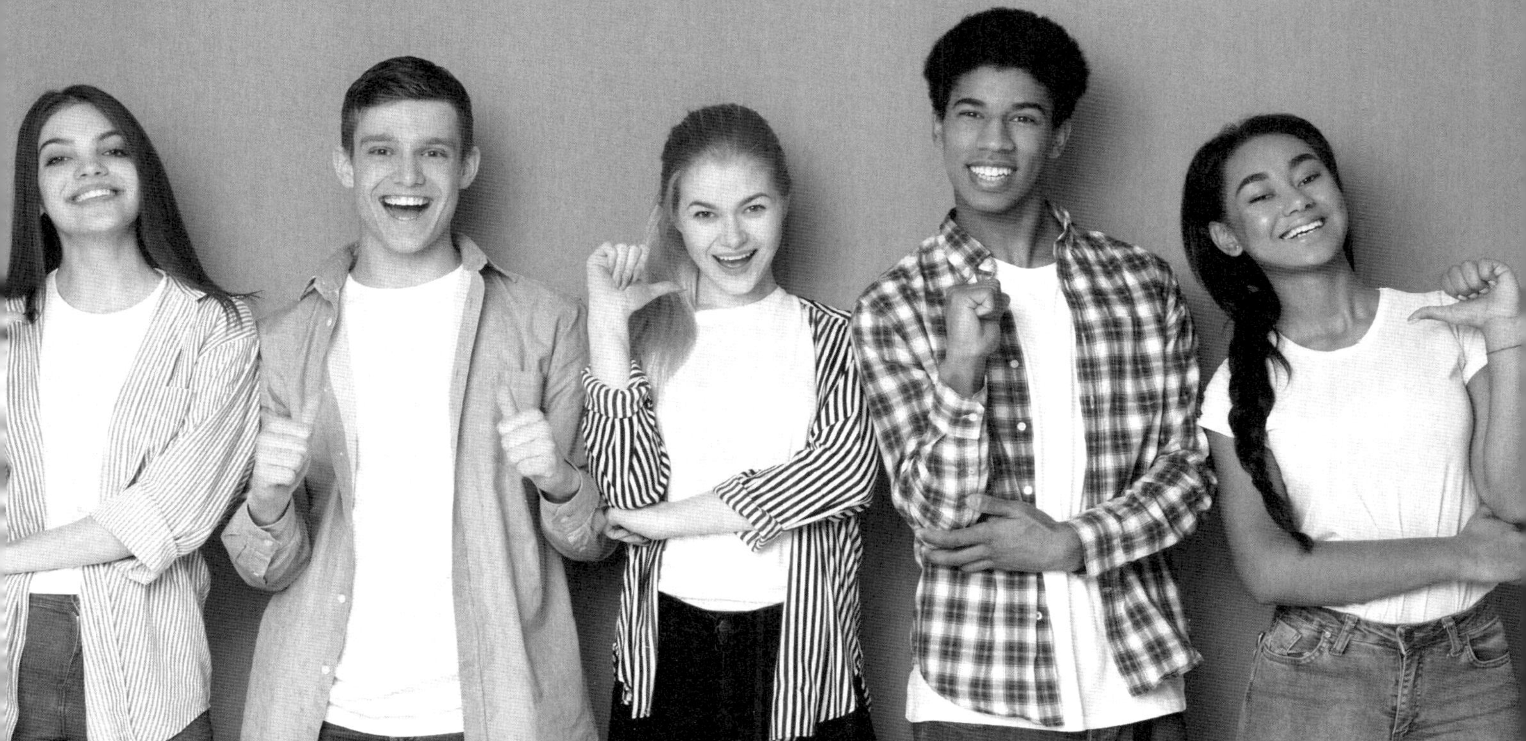

Vielseitige Übungseinheiten zur Stärkung der Alltagskommunikation

www.kohlverlag.de

So lerne ich Deutsch ... weiter nach und nach!

Vielseitige Übungseinheiten zur Stärkung der Alltagskommunikation

2. Auflage 2024

Inhalt: Friedhelm Heitmann & Billur Shirazi
Coverbild: © Prostock-studio – AdobeStock.com
Redaktion: Kohl-Verlag
Grafik & Satz: Kohl-Verlag
Druck: Druckhaus Flock, Köln

Bestell-Nr. 13 089

ISBN: 978-3-98841-187-7

Bildquellen:

S. 2: Africa Studio; **S. 7:** jokatoons, melita; **S. 8:** sunt; **S. 9:** Freesurf; **S. 10**: Francois Poirier; **S.11:** Wayhome Studio; **S. 12:** Fotolyse, Dionisvera; **S. 13:** Віталій Баріда, ckybe; **S. 14:** Igor Nazarenko; **S. 15**: RealPeopleStudio, pathdoc; **S. 16:** brgfx, paula; **S. 17:** Robert Kneschke, Prostock_studio; **S. 18:** Pixel_Shot, studiostoks; **S. 19:** nicoletaionescu, Platoo Studio; **S. 20**: nicoletaionescu, Inichetti; **S. 21:** Colorfuel Studio; **S. 22:** Julija, chajamp; **S. 23:** irina_levitskaya, renuk, Colorfuel Studio; **S. 24:** Yulia Buchatskaya, Anton; **S. 25:** Monkey Business, logo3in1, Kara; **S. 26:** anekoho, Viktor, kisscsanad; **S. 27:** Pankaj, WoGi, ginae014; **S. 28:** FARBAI, Irene, Елена Истомина; **S. 29:** tynyuk, denis_pc; **S. 30:** nicoletaionescu, starush; **S. 31:** carbouval, Jihan; **S. 32:** InsideCreativeHouse; **S. 33:** ullrich; **S. 34:** media_ja, denis_pc; **S. 35:** Pallavi; **S. 36:** artisticco; **S. 37:** Tetiana; **S. 38:** Colorfuel Studio; **S. 39:** Bhonard21, Natura; **S. 40:** jokatoons; **S. 41:** ねこ先生; **S. 42:** inspiring.team; **S. 43:** Igor Zakowski; **S. 44:** orensila; **S. 45:** ddraw, eyetronic; **S. 46:** SpicyTruffel; **S. 47_49:** topvectors; **S. 50:** Malchev, Zdenek Sasek; **S. 51:** topvectors, dan, Zdenek Sasek; **S. 52:** Pixel_Shot; **S. 53:** liuzishan, Oly Cazac; **S. 54:** Heyauli, GabiWolf, klyaksun, topvectors, Good Studio, Rifatho, denis08131, nadzeya26, GraphicsRF, Jemastock; **S. 55:** irwanjos, Riccardo, Zaharia Levy, Good Studio; **S. 57:** Vector Stock Pro, Oqvector; **S. 58:** Roman; **S. 59:** Novian, 7AM, vectorkif; **S. 60:** Vector Stock Pro, Kalim; **S. 61:** Vector Stock Pro, YummyBuum; **S. 62:** SkyLine, Ivan Kopylov; **S. 63:** tigatelu, Don Purcell; **S. 64:** klyaksun, GraphicsRF; **S. 65:** andrew_rybalko; **S. 66:** Good Studio; **S. 67:** Tatiana, JrCasas; **S. 69:** Jemastock, Galina; **S. 70:** pushkaash; **S. 71:** Yakobchuk Olena, Zdenek Sasek; **S. 72:** Colorfuel Studio; **S. 73+74:** Frogella.stock; **S. 75:** nicoletaionescu; **S. 76:** andrew_rybalko; **S. 77:** Heyauli; **S. 79:** nadzeya26;

Clipart.com: **S. 36, S. 37; S. 38; S. 78:**

Inhalt

KOHL VERLAG So lerne ich Deutsch ... weiter nach und nach! / Band 2 Vielseitige Übungseinheiten zur Stärkung der Alltagskommunikation – Bestell_Nr. 13 089

Inhalt

Vorwort

Liebe Kolleginnen, liebe Kollegen,

die Realität (u. a. in den Schulen) zeigt immer wieder: Deutsch ist keine einfache, keine schnell zu erlernende Sprache. Dies gilt insbesondere für Personen, die nicht mit Deutsch als Muttersprache aufgewachsen sind. Davon betroffen sind vor allem gewöhnlich Migranten, die nach Deutschland gekommen sind oder kommen. Sehr große Schwierigkeiten bereitet das Erlernen der deutschen Grammatik.

Es ist eine Illusion, wenn Verantwortliche deutscher Schulbehörden meinen und vorgeben, dass junge Migranten nach einjährigem Besuch von sogenannten IVK-Klassen (= Internationale Vorbereitungsklassen) in Regelklassen wechseln und dort mit anderen Schülern sprachlich mithalten können. Das Erlernen der deutschen Sprache erfordert (weitaus) mehr Zeit sowie ein (sehr) kleinschrittiges Vorgehen im Unterricht.

Hieran ist der präsentierte Band ausgerichtet, der in Hamburg aus der Unterrichtstätigkeit der beiden Verfasser in IVK-Klassen entstand. Der Band setzt das im Kohl-Verlag vorliegende Werk fort:

„So lerne ich Deutsch ... von Anfang an!"

Auch der nun folgende Band hält diverse geordnete Informations- und Arbeitsmaterialien zum weiteren Erlernen der deutschen Sprache bereit. Die deutsche Grammatik bildet inhaltlich den Schwerpunkt des Werkes. Möge der Band dazu beitragen, die Deutschkenntnisse von Migranten und anderen Personen nachhaltig zu erweitern sowie zu festigen. Mögliche Verbesserungsvorschläge zum Band nehmen wir gern entgegen.

Viele Erfolge bei der Verwendung der Arbeitsmaterialien im Unterricht wünschen der Kohl-Verlag sowie

Friedhelm Heitmann und Billur Shirazi

> **Zum Erlernen der deutschen Sprache führt kein Fahrstuhl.**
> **Man muss die Treppe benutzen!**

Das Buch gehört ...

Ich heiße: ______________________________ .
Vorname Nachname

Ich wohne in: ______________________________
Straße Nummer

______________________________ .
Postleitzahl Ort

Ich bin __________ Jahre alt.

Ich gehe in die: ______________________________ .
Schulname

Meine Klasse heißt: __________

Meine Deutschlehrerin heißt: ______________________________

Mein Deutschlehrer heißt: ______________________________

Mein Heimatland

1. Mein Name ist ______________________________.
2. Ich komme aus ______________________________.
3. Mein Heimatland liegt in ______________________________.
4. In meinem Heimatland leben etwa so viele Menschen:

   ______________________________.
5. Das essen die Menschen: ______________________________

   ____
6. So sieht die Fahne aus:
7. Das sind die Nachbarländer:

   ____

   ____

   ______________________________.
8. Die Hauptstadt heißt ______________________________.
9. In meinem Heimatland gibt es: ______________________________

   ____

   ____

   ____

   ____

   ____
10. „Guten Tag" heißt in meiner Heimatsprache:

    ____

So lerne ich Deutsch ... weiter nach und nach! / Band 2
Vielseitige Übungseinheiten zur Stärkung der Alltagskommunikation – Bestell_Nr. 13 089
KOHL VERLAG

Deutschland (Karte)

Nachbarländer und Bundesländer:

<u>Aufgabe</u>: *In welchem Bundesland lebst du in Deutschland? Male das Bundesland auf der Karte an!*

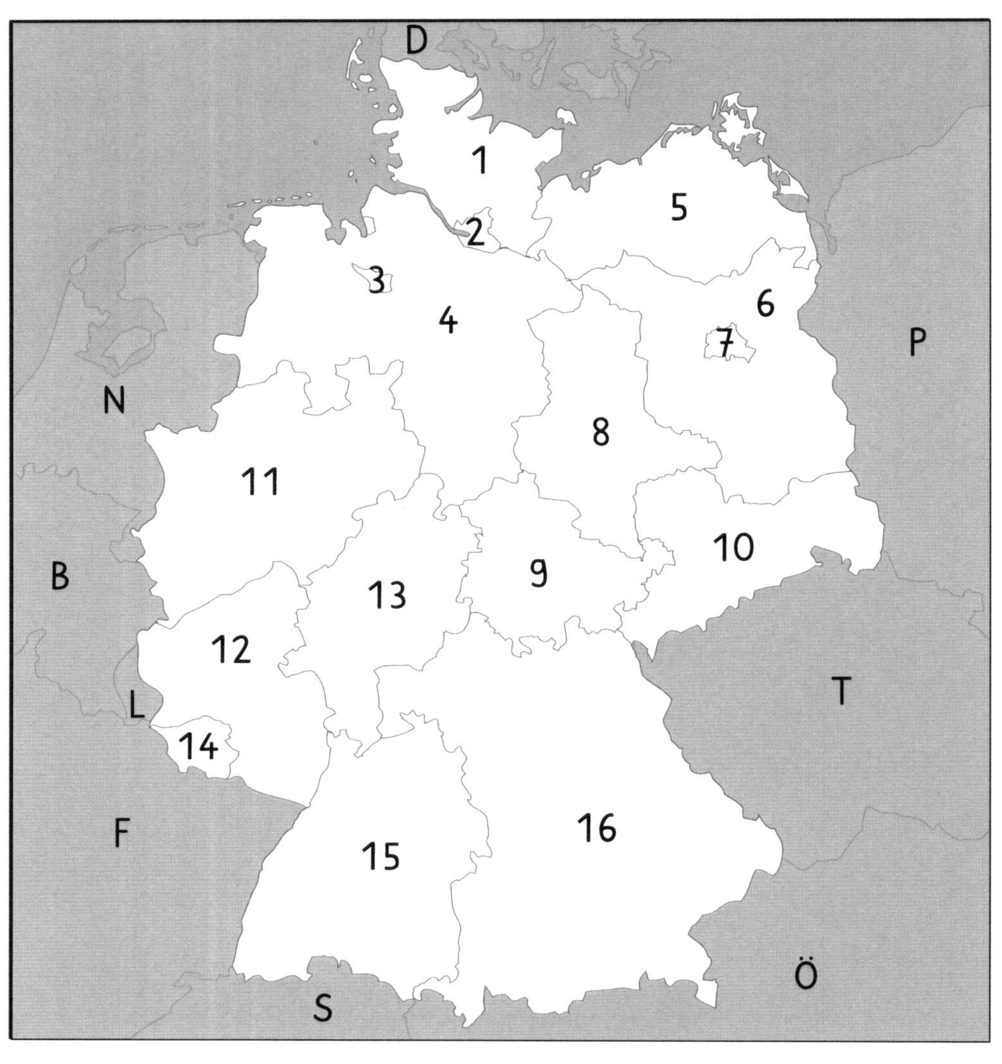

Die Nachbarländer:	Die Bundesländer:	
D = Dänemark	1 = Schleswig-Holstein	9 = Thüringen
P = Polen	2 = Hamburg	10 = Sachsen
T = Tschechien	3 = Bremen	11 = Nordrhein-Westfalen
Ö = Österreich	4 = Niedersachsen	12 = Rheinland-Pfalz
S = Schweiz	5 = Mecklenburg-Vorpommern	13 = Hessen
F = Frankreich	6 = Brandenburg	14 = Saarland
L = Luxemburg	7 = Berlin	15 = Baden-Württemberg
B = Belgien	8 = Sachsen-Anhalt	16 = Bayern
N = Niederlande		

Deutschland

1. Ich lebe in Deutschland seit ______________________.
2. Deutschland liegt in ______________________.
3. In Deutschland leben etwa so viele Menschen:

   ____

4. Das essen die Menschen: ______________________

   ____

5. So sieht die deutsche Flagge aus:

   ____

6. Das sind die 9 Nachbarländer: ______________________

   ____

   ____

   ____

7. Die deutsche Hauptstadt heißt ______________________.
8. Deutschland hat so viele Bundesländer: ____________.
9. Es gibt in Deutschland (zum Beispiel):

   ____

   ____

   ____

   ____

Der Fluss Rhein in Rheinland-Pfalz

Mein Wohnort in Deutschland

1. Ich wohne in ______________________________.
2. Der Wohnort ist ein(e) ______________________________.
3. Etwa so viele Einwohner hat der Wohnort: ______________________________
4. Mein Stadtteil/Ortsteil heißt ______________________________.
5. Im Wohnort sind vorhanden: ______________________________
6. Schön sind: ______________________________
7. Das kann man im Wohnort machen: ______________________________
8. Das mache ich gern in meinem Wohnort: ______________________________
9. Diese Verkehrsmittel (Autos, Busse ...) gibt es im Wohnort:
10. Das wünsche ich mir in meinem Wohnort: ______________________________

Verben von a... bis z...

Verben (= Zeitwörter) beschreiben Tätigkeiten, Vorgänge, Zustände ... Die Grundform von Verben nennt man Infinitiv. Im Infinitiv enden die Verben meistens mit den beiden Buchstaben -en, manchmal mit -n.

Aufgabe: *Schreibe die Verben in deiner Sprache auf.*

Deutsche Verben	Meine Sprache
arbeiten	
bauen	
chatten	
denken	
essen	
feiern	
glauben	
hören	
informieren	
jubeln	
kaufen	
loben	

Deutsche Verben	Meine Sprache
malen	
notieren	
ordnen	
pflanzen	
(sich) quälen	
rechnen	
schlafen	
trainieren	
(sich) unterhalten	
(sich) verlieben	
warten	
zeigen	

„Was tue ich?" – ein Spiel

Die Lehrkraft stellt jeweils durch bestimmte Bewegungen oder Gestik ... ein Verb dar. Die Schüler müssen das dargestellte Verb erraten. Wer das Verb errät und (zuerst) nennt, bekommt 1 Punkt. Der Schüler, der schließlich die meisten Punkte aufweist, gewinnt das Spiel.

So lerne ich Deutsch ... weiter nach und nach! / Band 2
Vielseitige Übungseinheiten zur Stärkung der Alltagskommunikation – Bestell_Nr. 13 089

Was macht ... ? (I) Sätze mit dem Artikel <u>der</u>

<u>Aufgabe 1</u>: *Bilde kurze Sätze. Ordne diese 10 Verben den 10 Nomen richtig zu:*

1. Der Regen ______________________.
2. Der Wind ______________________.
3. Der Fisch ______________________.
4. Der Hund ______________________.
5. Der Lehrer ______________________.
6. Der Arzt ______________________.
7. Der Kellner ______________________.
8. Der Ofen ______________________.
9. Der Schlüssel ______________________.
10. Der Apfel ______________________.

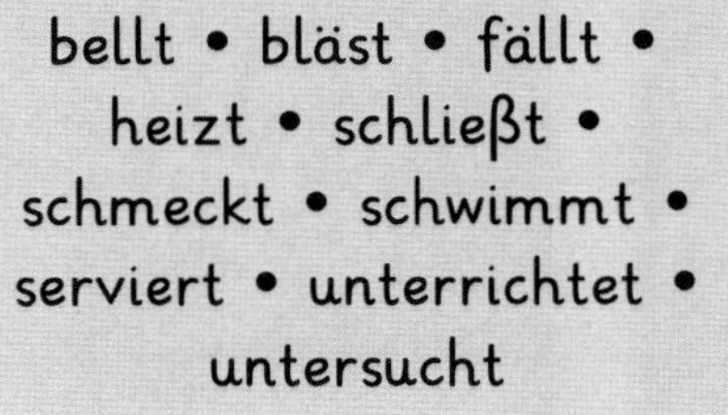

<u>Aufgabe 2</u>: *Wie heißen die 10 kurzen Sätze in deiner Sprache?*

1. ______________________________________.
2. ______________________________________.
3. ______________________________________.
4. ______________________________________.
5. ______________________________________.
6. ______________________________________.
7. ______________________________________.
8. ______________________________________.
9. ______________________________________.
10. ______________________________________.

Was macht ... ? (II) Sätze mit dem Artikel die

Aufgabe 1: *Bilde kurze Sätze. Ordne diese 10 Verben den 10 Nomen richtig zu:*

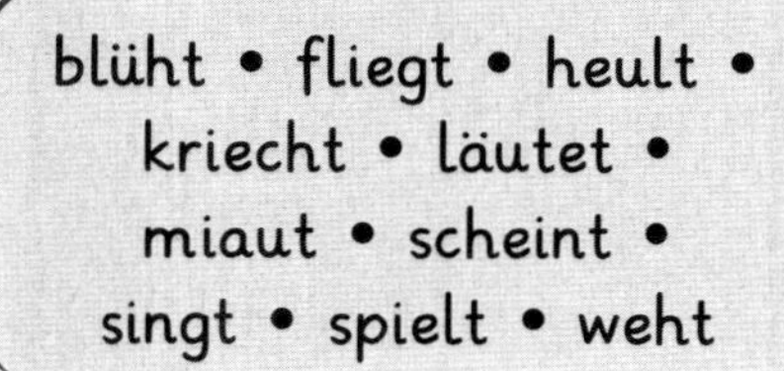

1. Die Sonne ____________________.
2. Die Blume ____________________.
3. Die Fahne ____________________.
4. Die Katze ____________________.
5. Die Biene ____________________.
6. Die Schnecke ____________________.
7. Die Musik ____________________.
8. Die Frau ____________________.
9. Die Glocke ____________________.
10. Die Sirene ____________________.

Aufgabe 2: *Wie heißen die 10 kurzen Sätze in deiner Sprache?*

1. ____.
2. ____.
3. ____.
4. ____.
5. ____.
6. ____.
7. ____.
8. ____.
9. ____.
10. ____.

So lerne ich Deutsch ... weiter nach und nach! / Band 2
Vielseitige Übungseinheiten zur Stärkung der Alltagskommunikation – Bestell_Nr. 13 089
KOHL VERLAG

Was macht ... ? (III) Sätze mit dem Artikel das

Aufgabe 1: *Bilde kurze Sätze. Ordne diese 10 Verben den 10 Nomen richtig zu:*

1. Das Wasser ______________________.
2. Das Eis ______________________.
3. Das Gras ______________________.
4. Das Feuer ______________________.
5. Das Messer ______________________.
6. Das Telefon ______________________.
7. Das Auge ______________________.
8. Das Ohr ______________________.
9. Das Herz ______________________.
10. Das Gehirn ______________________.

brennt • denkt • fließt • hört • klingelt • schlägt • schmilzt • schneidet • sieht • wächst

Aufgabe 2: *Wie heißen die 10 kurzen Sätze in deiner Sprache?*

1. ______________________________________.
2. ______________________________________.
3. ______________________________________.
4. ______________________________________.
5. ______________________________________.
6. ______________________________________.
7. ______________________________________.
8. ______________________________________.
9. ______________________________________.
10. ______________________________________.

Regelmäßige Verben im Präsens konjugieren

Bei der Konjugation ändern sich die Formen. Verben haben unterschiedliche Personalformen und Zeitformen.

Die Personalformen hängen ab von den Personalpronomen:

1. Person Singular	**ich**
2. Person Singular	**du**
3. Person Singular	**er / sie / es**
1. Person Plural	**wir**
2. Person Plural	**ihr**
3. Person Plural	**sie**

Es gibt die Zeitform Präsens (= Gegenwart). Mit der Zeitform Präsens meint man (vor allem), was jetzt passiert.

Die Endungen der regelmäßigen Verben bei der Konjugation im Präsens:

Beispiel: hören (= Infinitiv)

ich	**-e**	ich hör**e**
du	**-st**	du hör**st**
er / sie / es	**-t**	er / sie / es hör**t**
wir	**-en**	wir hör**en**
ihr	**-t**	ihr hör**t**
sie	**-en**	sie hör**en**

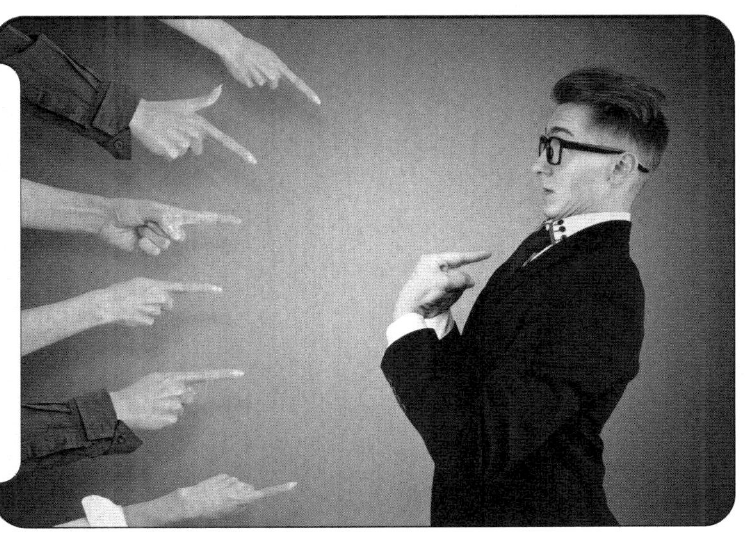

So lerne ich Deutsch ... weiter nach und nach! / Band 2
Vielseitige Übungseinheiten zur Stärkung der Alltagskommunikation – Bestell_Nr. 13 089

Regelmäßige Verben im Präsens konjugieren

- Verben gibt es in der Grundform (= Infinitiv).
- Der Infinitiv endet fast immer mit -en.
- Verben ändern sich, je nachdem wer etwas tut.
- Verben sagen uns oft, was jemand tut.
- Verben haben Zeitformen.
- Präsens (= jetzt) z. B. ist eine Zeitform.
- Verben schreibt man klein.

Aufgabe 1: *Konjugiere die 4 Verben im Präsens.*

		kaufen	malen	rechnen	loben
ich	-e				
du	-st				
er / sie / es	-t				
wir	-en				
ihr	-t				
sie	-en				

Aufgabe 2: *Wie heißen diese Verben in deiner Sprache?*

kaufen: ____________________

malen: ____________________

rechnen: ____________________

loben: ____________________

Regelmäßige Verben im Präsens konjugieren

Der **Wortstamm** einiger Verben endet auf **-t** oder **-d**. Bei der Konjugation dieser Verben ergänzt man vor der Endung ein **-e**.
Das macht man in der 2. und 3. Person Singular sowie der 2. Person Plural.

Beispiel: arbeiten

1. Person Singular	**ich arbeite**
2. Person Singular	**du arbeitest**
3. Person Singular	**er / sie / es arbeitet**
1. Person Plural	**wir arbeiten**
2. Person Plural	**ihr arbeitet**
3. Person Plural	**sie arbeiten**

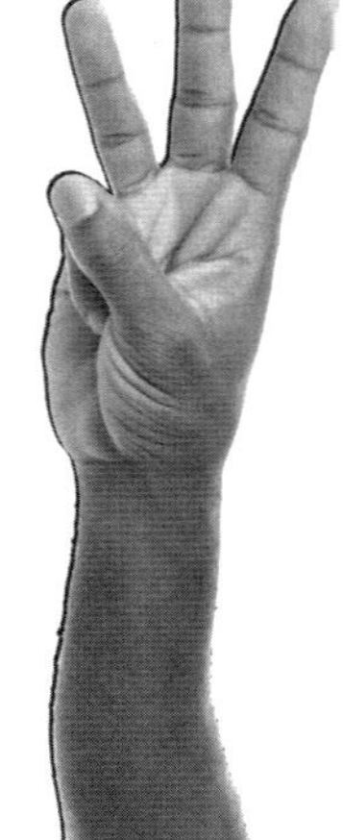

Aufgabe 3: *Konjugiere die 2 Verben im Präsens.*

	warten	**reden**
ich		
du		
er / sie / es		
wir		
ihr		
sie		

Aufgabe 4: *Wie heißen diese Verben in deiner Sprache?*

warten: ____________________

reden: ____________________

KOHL VERLAG
So lerne ich Deutsch ... weiter nach und nach! / Band 2
Vielseitige Übungseinheiten zur Stärkung der Alltagskommunikation – Bestell_Nr. 13 089

Unregelmäßige Verben im Präsens konjugieren

In der Konjugation unterscheiden sich unregelmäßige Verben von regelmäßigen Verben. Bei der Konjugation vieler unregelmäßiger Verben ändert sich der Vokal (= Selbstlaut) im Wortstamm.
Das passiert im Präsens in der 2. und 3. Person Singular.

Vokalwechsel von a zu ä

Beispiel: fahren

1. Person Singular	**ich fahre**
2. Person Singular	**du fährst**
3. Person Singular	**er / sie / es fährt**
1. Person Plural	**wir fahren**
2. Person Plural	**ihr fahrt**
3. Person Plural	**sie fahren**

Aufgabe 1: *Konjugiere das Verb schlafen im Präsens.*

	schlafen
ich	
du	
er / sie / es	
wir	
ihr	
sie	

Aufgabe 2: *Wie heißt das Verb schlafen in deiner Sprache?*

____

Unregelmäßige Verben im Präsens konjugieren

Vokalwechsel von e zu i

Beispiel: geben

1. Person Singular	**ich gebe**
2. Person Singular	**du gibst**
3. Person Singular	**er / sie / es gibt**
1. Person Plural	**wir geben**
2. Person Plural	**ihr gebt**
3. Person Plural	**sie geben**

Aufgabe 1: *Konjugiere das Verb helfen im Präsens.*

	helfen
ich	
du	
er / sie / es	
wir	
ihr	
sie	

Aufgabe 2: *Wie heißt das Verb helfen in deiner Sprache?*

____

So lerne ich Deutsch ... weiter nach und nach! / Band 2
Vielseitige Übungseinheiten zur Stärkung der Alltagskommunikation – Bestell_Nr. 13 089
KOHL VERLAG

Unregelmäßige Verben im Präsens konjugieren

Vokalwechsel von e zu ie

Beispiel: sehen

1. Person Singular	ich sehe
2. Person Singular	du siehst
3. Person Singular	er / sie / es sieht
1. Person Plural	wir sehen
2. Person Plural	ihr seht
3. Person Plural	sie sehen

Aufgabe 1: *Konjugiere das Verb befehlen im Präsens.*

	befehlen
ich	
du	
er / sie / es	
wir	
ihr	
sie	

Aufgabe 2: *Wie heißt das Verb befehlen in deiner Sprache?*

____

Modalverben im Präsens konjugieren

<u>Aufgabe 1</u>: *Wie heißen diese 6 Modalverben in deiner Sprache?*

sollen: ______________________

wollen: ______________________

mögen: ______________________

müssen: ______________________

dürfen: ______________________

können: ______________________

Die Kinder mögen Eis.

<u>Aufgabe 2</u>: *Konjugiere die 6 Modalverben im Präsens. Setze die fehlenden Formen ein. Wie geht es weiter?*

	sollen	**wollen**	**mögen**	**müssen**	**dürfen**	**können**
ich	soll	will	mag	muss	darf	kann
du						
er / sie / es						
wir	sollen	wollen	mögen	müssen	dürfen	können
ihr						
sie						

So lerne ich Deutsch ... weiter nach und nach! / Band 2
Vielseitige Übungseinheiten zur Stärkung der Alltagskommunikation – Bestell_Nr. 13 089
KOHL VERLAG

Modalverben verwenden

In Verbindung mit einem anderen Verb (= Vollverb) verändert ein Modalverb die Hauptaussage des Vollverbs.

Die Schüler **sollen lernen**. Ich **will einkaufen**. Wir **müssen aufpassen**.

Alleinstehend können Modalverben Vollverben sein.

Beispiele: Ich **mag** Katzen. Ich **kann** das.

Aufgabe 1: *Setze die richtige Form von sollen ein.*

1. Was ______________ sie machen? (Plural)
2. Sie ______________ rechnen. (Singular)
3. Du ______________ pünktlich sein.
4. Ihr ______________ lernen.
5. Wir ______________ zur Schule gehen.

Aufgabe 2: *Setze die richtige Form von wollen ein.*

1. Ich ______________ Sport machen.
2. ______________ du Milch trinken?
3. Was ______________ ihr machen?
4. Wir ______________ ins Kino gehen.
5. Sie ______________ tanzen. (Singular)

Modalverben verwenden

Aufgabe 1: *Setze die richtige Form von müssen ein.*

1. Ich ______________ Deutsch lernen.
2. Du ______________ zum Arzt gehen.
3. Ihr ______________ in die Schule gehen.
4. Mein Vater ______________ arbeiten.
5. Wir ______________ früh aufstehen.

Aufgabe 2: *Setze die richtige Form von dürfen ein.*

1. Der Mann ______________ nicht Eis essen.
2. Mama, ______________ ich gehen?
3. Ihr ______________ gehen.
4. Wir ______________ im Garten spielen.
5. Du ______________ mich besuchen.

Aufgabe 3: *Setze die richtige Form von können ein.*

1. Er ______________ gut Fußball spielen.
2. Wir ______________ gut tanzen.
3. Du ______________ gut Englisch sprechen.
4. ______________ ihr Deutsch sprechen?
5. Wir ______________ sehr gut kochen.

Aufgabe 4: *Setze die richtige Form von mögen ein.*

1. Ich ______________ keinen Kaffee.
2. ______________ du Kaffee?
3. Sie ______________ Katzen. (Plural)
4. Wir ______________ keine Hunde.
5. ______________ ihr Äpfel?

KOHL VERLAG
So lerne ich Deutsch ... weiter nach und nach! / Band 2
Vielseitige Übungseinheiten zur Stärkung der Alltagskommunikation – Bestell_Nr. 13 089

Irina

Aufgabe 1: *Setze die richtige Form der Verben (siehe Kasten) im Präsens in die Sätze ein.*

1. Sie ______________ aus der Ukraine.
2. Sie ______________ 14 Jahre alt.
3. Sie ______________ nun in Deutschland.
4. Sie ______________ in Hamburg.
5. Sie ______________ in die Schule.
6. Sie ______________ Ukrainisch und Russisch.
7. Sie ______________ Deutsch.
8. Sie ______________ sehr gut.
9. Sie ______________ gern Borschtsch.
10. Sie ______________ viele deutsche Freunde.

essen • gehen • haben • kommen • leben • lernen • sein • sprechen • tanzen • wohnen

Aufgabe 2: *Übersetze die Sätze in deine Sprache.*

1. ____.
2. ____.
3. ____.
4. ____.
5. ____.
6. ____.
7. ____.
8. ____.
9. ____.
10. ____.

Endungen von Verben im Präsens ergänzen

<u>Aufgabe:</u> *Ergänze die Endungen.*

1. Ich heiß______ Viktoria.
2. Amber komm______ aus Spanien.
3. Er wohn______ in Berlin.
4. Meine Mutter koch______ Suppe.
5. Die Schüler ess______ in der Kantine.
6. Meine Freundin sing______ sehr schön.
7. Wir übe______ zusammen.
8. Die Schüler mach______ einen Ausflug.
9. Wir telefonier______ jeden Tag.
10. Er trink______ nur Wasser.
11. Ihr mach______ zusammen Urlaub.
12. Lie______ du das Buch?
13. Wir hör______ Musik.
14. In der Pause spiel______ und sing______ wir.
15. Am Wochenende geh______ sie schwimmen.
16. Du fähr______ morgens mit dem Fahrrad zur Schule.
17. Im Unterricht lern______ wir.
18. Ihr lern______ gemeinsam.
19. Ich mal______ ein Bild.
20. Er fotografier______ gern.

KOHL VERLAG
So lerne ich Deutsch ... weiter nach und nach! / Band 2
Vielseitige Übungseinheiten zur Stärkung der Alltagskommunikation – Bestell_Nr. 13 089

Verben konjugiert einsetzen

__Aufgabe:__ *Setze die Verben (siehe Klammern) richtig konjugiert in die Lücken der Sätze ein!*

1. Die Lehrerin ______________ aus Berlin. **(kommen)**
2. Sie ______________ seit 5 Monaten in Hamburg. **(wohnen)**
3. Mein Bruder ______________ Denis. **(heißen)**
4. Am Wochenende ______________ wir eine Party. **(machen)**
5. Zur Party ______________ ihr Bruder. **(kommen)**
6. Er ______________ gern Fußball. **(spielen)**
7. Ich ______________ ein Geschenk. **(kaufen)**
8. Für das Geschenk ______________ ich Geld. **(brauchen)**
9. Das Geld ______________ ich von der Bank. **(holen)**
10. Die Leute ______________ gern E-Mails. **(schreiben)**
11. Das Mädchen ______________ Spanisch. **(lernen)**
12. Du ______________ Spaghetti. **(kochen)**
13. Wir ______________ heute Abend ins Kino. **(gehen)**
14. Du ______________ das Fahrrad. **(kaufen)**
15. Die Kinder ______________ im Garten. **(spielen)**
16. Ihr ______________ nur Wasser. **(trinken)**
17. Mein Bruder und ich ______________ einen Hund. **(haben)**
18. Er ______________ eine Katze. **(haben)**
19. Die Schüler ______________ nach Hause. **(gehen)**
20. Du ______________ ein Lied. **(singen)**

Trennbare Verben konjugieren – übersetzen

Aufgabe 1: *Ergänze die fehlenden Konjugationen. Konjugiere die Verben weiter.*

aufstehen	anrufen	abholen
Ich stehe auf.	Ich rufe an.	Ich hole ab.
Du stehst auf.	Du rufst an.	Du holst ab.
Er ______________.	Er ______________.	Er ______________.
Sie ______________.	Sie ______________.	Sie ______________.
Es ______________.	Es ______________.	Es ______________.
Wir ______________.	Wir ______________.	Wir ______________.
Ihr ______________.	Ihr ______________.	Ihr ______________.
Sie ______________.	Sie ______________.	Sie ______________.

Aufgabe 2: *Wie heißen folgende trennbare Verben in deiner Sprache?*

Deutsch	Meine Sprache
anfangen	
aufblieben	
aufwachen	
ausmalen	
abziehen	
anmalen	
ausmachen	
hinsetzen	
anziehen	
aufräumen	
abfahren	

Deutsch	Meine Sprache
abschreiben	
abnehmen	
ankreuzen	
fernsehen	
einschlafen	
einkreisen	
durchstreichen	
einkaufen	
losgehen	
zurückkommen	
ausziehen	

KOHL VERLAG
So lerne ich Deutsch ... weiter nach und nach! / Band 2
Vielseitige Übungseinheiten zur Stärkung der Alltagskommunikation – Bestell_Nr. 13 089

Trennbare Verben in Sätze einsetzen

Aufgabe 1: *Ergänze.*

1. Ich ____________ dich zum Geburtstag ________. **(einladen)**
2. Er ____________ seine Jacke ________. **(anziehen)**
3. Meine Mutter ____________ eine Geschichte ________. **(vorlesen)**
4. Der Schüler ____________ seinen Tisch ________. **(aufräumen)**
5. Er ____________ sehr gut ________. **(aussehen)**
6. Am Wochenende ____________ ich ________. **(fernsehen)**
7. Die Bahn ____________ ________. **(losfahren)**
8. Die Schüler ____________ sich ________. **(hinsetzen)**
9. Mein Vater ____________ immer um 5 Uhr ________. **(aufwachen)**
10. Ich ____________ das Wort ________. **(einkreisen)**
11. Meine Eltern ____________ auf dem Markt ________. **(einkaufen)**
12. Am Abend ____________ wir bis 21 Uhr ________. **(aufbleiben)**
13. Ich ____________ in der Woche um 7 Uhr ________. **(aufstehen)**
14. Ich ____________ meine Freundin ________. **(anrufen)**
15. Das Konzert ____________ um 18 Uhr ________. **(anfangen)**
16. Der Mathelehrer ____________ die Hefte ________. **(einsammeln)**
17. Er ____________ mich ________. **(abholen)**

Aufgabe 2: *Welche Wörter aus den oberen Sätze kennst du nicht? Schreibe diese Wörter hier auf.*

____

____

____

____

Imperative – 3 Arten

Mit Verben lassen sich auch Imperative bilden. Imperative geben Befehle oder nennen Bitten, Wünsche ...

Man unterscheidet **3 verschiedene Arten der Imperative**:

1. **Imperativ Singular (= Einzahl)** → **Du**

   2 Beispiele für regelmäßige Verben:

   a) **Hol(e) ...!** b) **Lern(e) ...!**

   Bei Imperativen im Singular lässt man in der Alltagssprache gewöhnlich den Endbuchstaben –e weg.

2. **Imperativ Plural (= Mehrzahl)** → **Ihr**

   2 Beispiele für regelmäßige Verben:

   a) **Holt ...!** b) **Lernt ...!**

3. **Imperativ der Höflichkeit (= Sie-Form)** → **Sie**

   2 Beispiele für regelmäßige Verben:

   a) **Holen Sie (bitte) ...!** b) **Lernen Sie (bitte) ...!**

Aufgabe: *Bilde die 3 verschiedenen Arten Imperative bei den regelmäßigen Verben malen und zeigen.*

a) malen: ______________________________

b) zeigen: ______________________________

So lerne ich Deutsch ... weiter nach und nach! / Band 2
Vielseitige Übungseinheiten zur Stärkung der Alltagskommunikation – Bestell_Nr. 13 089

Vokalwechsel bei Imperativen

Bei einigen unregelmäßigen Verben ändert sich der Vokal (= Selbstlaut) im Wortstamm – und zwar nur im Imperativ Singular.

Vokalwechsel von e zu i

Beispiel: geben

Imperativ Singular:	Gib ...!
Imperativ Plural:	Gebt ...!
Imperativ der Höflichkeit:	Geben Sie ...!

Vokalwechsel von e zu ie

Beispiel: lesen

Imperativ Singular:	Lies ...!
Imperativ Plural:	Lest ...!
Imperativ der Höflichkeit:	Lesen Sie ...!

Aufgabe: *Bilde die 3 verschiedenen Arten Imperative bei den unregelmäßigen Verben essen und sehen.*

a) essen: ______________________

____

____

____

____

b) sehen: ______________________

____

____

____

____

Imperative des Verbs <u>sein</u> und von trennbaren Verben

Imperativ Singular:	Sei ...!
Imperativ Plural:	Seid ...!
Imperativ der Höflichkeit:	Seien Sie ...!

Trennbare Verben trennt man in den Imperativen. Man setzt die Vorsilben dieser Verben an das Ende der Imperative.

Beispiel: **<u>ein</u>**kaufen

Imperativ Singular:	Kauf(e) ... ein!
Imperativ Plural:	Kauft ... ein!
Imperativ der Höflichkeit:	Kaufen Sie (bitte) ... ein!

Beispiel: **<u>auf</u>**stehen

Imperativ Singular:	Steh(e) ... auf!
Imperativ Plural:	Steht ... auf!
Imperativ der Höflichkeit:	Stehen Sie (bitte) ... auf!

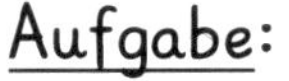

<u>Aufgabe</u>: *Bilde die 3 verschiedenen Arten Imperative bei den unregelmäßigen Verben mitkommen und vorfahren.*

a) mitkommen: ______________________

b) vorfahren: ______________________

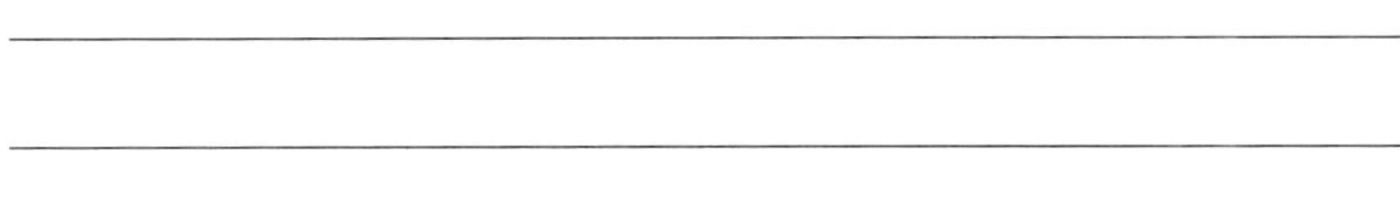

So lerne ich Deutsch ... weiter nach und nach! / Band 2
Vielseitige Übungseinheiten zur Stärkung der Alltagskommunikation – Bestell_Nr. 13 089

Übungen zum Imperativ

Aufgabe: *Schreibe passende Sätze mit der richtigen Imperativform.*

1. Morgen hast du Prüfung. (ausruhen – du)

____

2. Ihr seid zu laut. (leise sein – ihr)

____

3. Du hast morgen Sport. (Sportsachen einpacken – du)

____

4. Der Kuchen ist fertig. (den Tisch decken – ihr)

____

5. Hier ist die Schule. (aussteigen – du)

____

6. Ich gehe zum Essen. (mitkommen – du)

____

7. Das Wetter ist sehr schlecht. (zu Hause bleiben – du)

____

8. Nächste Woche ist Weihnachten. (Oma eine E-Mail schreiben – ihr)

____

9. Du hast deine Hausaufgaben vergessen. (machen – du)

____

10. Euer Freund liegt im Krankenhaus. (besuchen – ihr)

____

11. Die Ampel ist rot. (warten – Sie)

____

12. Er hat dein Handy fallen lassen. (nicht böse sein – du)

____

Satzanfang und Satzende

Sätze bestehen aus mehreren Wörtern.

Am Satzanfang schreibt man den 1. Buchstaben immer groß.
Innerhalb von Sätzen schreibt man nur Nomen (= Namenwörter) mit einem großen Anfangsbuchstaben.

Man unterscheidet:

Aussagesätze

Ein Beispiel für einen kurzen Aussagesatz: Das Mädchen schreibt.

Fragesätze

Ein Beispiel für einen kurzen Fragesatz: Wie heißt der Junge?

Ausrufesätze (= Befehlssätze, Wunschsätze)

Ein Beispiel für einen kurzen Ausrufesatz: Pass (bitte) auf!

Am Ende eines Aussagesatzes steht ein Punkt (.).
Am Ende eines Fragesatzes steht ein Fragezeichen (?).
Am Ende eines Ausrufesatzes steht ein Ausrufezeichen (!).

KOHL VERLAG So lerne ich Deutsch ... weiter nach und nach! / Band 2 Vielseitige Übungseinheiten zur Stärkung der Alltagskommunikation – Bestell_Nr. 13 089

Punkt, Fragezeichen oder Ausrufezeichen

Aufgabe: *Am Ende der folgenden Sätze fehlt jeweils ein Zeichen:*

- *ein Punkt (.),*
- *ein Fragezeichen (?)*
- *oder ein Ausrufezeichen (!)*

Setze am Ende der Sätze das richtige Zeichen ein.

1. Wie viel Uhr ist es ____
2. Es ist schon nach 10 Uhr ____
3. Sprich lauter ____
4. Bist du müde ____
5. Das Mädchen liest ein Buch ____
6. Vergesst die Hausaufgaben nicht ____
7. Bitte denk(e) daran ____
8. Die Jungen spielen Fußball ____
9. Au – das tut weh ____
10. Wer weiß das ____
11. Lass uns essen gehen ____
12. Der Kellner bringt das Essen ____
13. Schmeckt dir das Essen ____
14. Möchten Sie noch etwas trinken ____
15. Die Gäste verabschieden sich ____

Nomen – die 4 Fälle

Wir deklinieren Nomen (= Namenwörter) in der deutschen Sprache. Dabei bekommen die Nomen und Artikel (= Begleiter) andere Formen.

Es gibt bei der Deklination **4 verschiedene Fälle**, jeweils 4 für den Singular (= Einzahl) und 4 für den Plural (= Mehrzahl).

1. Fall (= Nominativ)	→	= Wer-oder Was-Fall
2. Fall (= Genitiv)	→	= Wessen-Fall
3. Fall (= Dativ)	→	= Wem-Fall
4. Fall (= Akkusativ)	→	= Wen-oder Was-Fall

In Sätzen fragt man:

- Nach dem 1. Fall: **Wer oder was ...?**
  Beispiel: **Der Vater** arbeitet.
  Frage: Wer oder was arbeitet?
  Antwort: **der Vater** (= 1. Fall)
- Nach dem 2. Fall: **Wessen ...?**
  Beispiel: Der Kuchen **der Mutter** schmeckt.
  Frage: Wessen Kuchen schmeckt?
  Antwort: **der Mutter** (= 2. Fall)
- Nach dem 3. Fall: **Wem ...?**
  Beispiel: Das Buch gehört **dem Mädchen**.
  Frage: Wem gehört das Buch?
  Antwort: **dem Mädchen** (= 3. Fall)
- Nach dem 4. Fall: **Wen oder was ...?**
  Beispiel: Der Junge putzt **das Fahrrad**.
  Frage: Wen oder was putzt der Junge?
  Antwort: **das Fahrrad** (= 4. Fall)

So lerne ich Deutsch ... weiter nach und nach! / Band 2
Vielseitige Übungseinheiten zur Stärkung der Alltagskommunikation – Bestell_Nr. 13 089

Maskuline Nomen deklinieren

maskulin = männlich

Beispiel:

das Auto des Vaters

Singular (= Einzahl)

1.	Fall (= Nominativ):	der Vater
2.	Fall (= Genitiv):	des Vaters
3.	Fall (= Dativ):	dem Vater
4.	Fall (= Akkusativ):	den Vater

Plural (= Mehrzahl)

1.	Fall (= Nominativ):	die Väter
2.	Fall (= Genitiv):	der Väter
3.	Fall (= Dativ):	den Vätern
4.	Fall (= Akkusativ):	die Väter

Aufgabe: *Dekliniere das Nomen Bruder im Singular und im Plural.*

Singular (= Einzahl)

1. Fall (= Nominativ): ______________________________
2. Fall (= Genitiv): ______________________________
3. Fall (= Dativ): ______________________________
4. Fall (= Akkusativ): ______________________________

Plural (= Mehrzahl)

1. Fall (= Nominativ): ______________________________
2. Fall (= Genitiv): ______________________________
3. Fall (= Dativ): ______________________________
4. Fall (= Akkusativ): ______________________________

die Hose des Bruders

Feminine Nomen deklinieren

feminin = weiblich

Beispiel:

der Fön der Mutter

Singular (= Einzahl)

1.	Fall (= Nominativ):	die Mutter
2.	Fall (= Genitiv):	der Mutter
3.	Fall (= Dativ):	der Mutter
4.	Fall (= Akkusativ):	die Mutter

Plural (= Mehrzahl)

1.	Fall (= Nominativ):	die Mütter
2.	Fall (= Genitiv):	der Mütter
3.	Fall (= Dativ):	den Müttern
4.	Fall (= Akkusativ):	die Mütter

Aufgabe: *Dekliniere das Nomen Tochter im Singular und im Plural.*

Singular (= Einzahl)

1. Fall (= Nominativ): ____________________
2. Fall (= Genitiv): ____________________
3. Fall (= Dativ): ____________________
4. Fall (= Akkusativ): ____________________

Plural (= Mehrzahl)

1. Fall (= Nominativ): ____________________
2. Fall (= Genitiv): ____________________
3. Fall (= Dativ): ____________________
4. Fall (= Akkusativ): ____________________

die Haare der Tochter

So lerne ich Deutsch ... weiter nach und nach! / Band 2
Vielseitige Übungseinheiten zur Stärkung der Alltagskommunikation – Bestell_Nr. 13 089
KOHL VERLAG

Neutrale Nomen deklinieren

neutral = sächlich

Beispiel:

Singular (= Einzahl)

1.	Fall (= Nominativ):	das Mädchen
2.	Fall (= Genitiv):	des Mädchens
3.	Fall (= Dativ):	dem Mädchen
4.	Fall (= Akkusativ):	das Mädchen

das Eis des Mädchens

Plural (= Mehrzahl)

1.	Fall (= Nominativ):	die Mädchen
2.	Fall (= Genitiv):	der Mädchen
3.	Fall (= Dativ):	den Mädchen
4.	Fall (= Akkusativ):	die Mädchen

Aufgabe: Dekliniere das Nomen Kind im Singular und im Plural!

Singular (= Einzahl)

1.	Fall (= Nominativ):	________________
2.	Fall (= Genitiv):	________________
3.	Fall (= Dativ):	________________
4.	Fall (= Akkusativ):	________________

Plural (= Mehrzahl)

1.	Fall (= Nominativ):	________________
2.	Fall (= Genitiv):	________________
3.	Fall (= Dativ):	________________
4.	Fall (= Akkusativ):	________________

die Schuhe der Kinder

Nomen mit unbestimmtem Artikel deklinieren

Beispiel:

Maskulines (= männliches) Nomen

1. Fall (= Nominativ): ein Baum
2. Fall (= Genitiv): eines Baumes
3. Fall (= Dativ): einem Baum
4. Fall (= Akkusativ): einen Baum

Feminines (= weibliches) Nomen

1. Fall (= Nominativ): eine Katze
2. Fall (= Genitiv): einer Katze
3. Fall (= Dativ): einer Katze
4. Fall (= Akkusativ): eine Katze

Neutrales (= sächliches) Nomen

1. Fall (= Nominativ): ein Auto
2. Fall (= Genitiv): eines Autos
3. Fall (= Dativ): einem Auto
4. Fall (= Akkusativ): ein Auto

Aufgabe: Dekliniere die 3 Nomen Hund, Blume, Buch mit unbestimmten Artikeln.

1. Fall			
2. Fall			
3. Fall			
4. Fall			

Im Plural gibt es keinen unbestimmten Artikel.

So lerne ich Deutsch ... weiter nach und nach! / Band 2
Vielseitige Übungseinheiten zur Stärkung der Alltagskommunikation – Bestell_Nr. 13 089

Der Akkusativ

Der Akkusativ ist bei der Deklination der **4. Fall**. Man fragt nach dem Akkusativ mit „**Wen oder was ... ?**". Akkusative können Lebewesen (z. B. Personen) und Sachen (z. B. Gegenstände) sein.

Beispiele:

- Die Polizei fasst den Einbrecher.
  Frage: **Wen** fasst die Polizei?
  Antwort: **den Einbrecher** (= Akkusativ)

- Die Frau liest **ein Buch**.
  Frage: **Was** liest die Frau?
  Antwort: **ein Buch** (= Akkusativ)

So heißen die Artikel bei maskulinen (= männlichen) Nomen im Akkusativ:

bestimmt, Singular	bestimmt, Plural	unbestimmt
den	**die**	**einen**

So heißen die Artikelbei femininen (= weiblichen) Nomen im Akkusativ:

bestimmt, Singular	bestimmt, Plural	unbestimmt
die	**die**	**eine**

So heißen die Artikel bei neutralen (= sächlichen) Nomen im Akkusativ:

bestimmt, Singular	bestimmt, Plural	unbestimmt
das	**die**	**ein**

Akkusative können manchmal **ohne** Artikel im Satz stehen.

Beispiel: Die Jungen spielen **Fußball**. (den) Fußball = Akkusativ

Der Akkusativ

<u>Aufgabe:</u> *Ergänze die folgenden Sätze mit den richtigen Akkusativen.*
Hinweis: In den Klammern stehen die Nomen im Nominativ (= 1. Fall).

1. Das Mädchen fragt ____________________. (der Lehrer)
2. Der Mann mäht ____________________. (der Rasen)
3. Sie isst ____________________. (ein Apfel)
4. Die Kinder machen ____________________. (die Hausaufgaben)
5. Er malt ____________________. (ein Bild)
6. Ich kenne ____________________. (der Weg)
7. Wir besuchen ____________________. (ein Onkel)
8. Die Polizei kontrolliert ____________________. (der Verkehr)
9. Die Lehrerin erzählt ____________________. (eine Geschichte)
10. Er trifft ____________________. (ein Freund)
11. Die Mutter backt ____________________. (ein Kuchen)
12. Der Arzt untersucht ____________________. (der Patient)
13. Der Kellner bedient ____________________. (die Gäste)
14. Die Frau trägt ____________________. (eine Brille)
15. Die Jungen sehen ____________________. (ein Film)
16. Soll ich dir ____________________ schreiben? (eine E-Mail)
17. Kauf(e) dir ____________________. (ein Pullover)
18. Die Vögel suchen ____________________. (das Futter)
19. Die Eltern gucken ____________________. (das Fernsehen)
20. Viele Leute mögen ____________________. (das Eis)

So lerne ich Deutsch ... weiter nach und nach! / Band 2
Vielseitige Übungseinheiten zur Stärkung der Alltagskommunikation – Bestell_Nr. 13 089
KOHL VERLAG

Der Dativ

Der 3. Fall bei der Deklination heißt Dativ. Die Frage nach einem Dativ beginnt mit dem Fragewort „**Wem ...?**". Meistens stehen Lebewesen (z. B. Personen) im Dativ, nur manchmal Sachen (z. B. Gegenstände).

Beispiele:

- Der Vater glaubt **dem Sohn**.
  Frage: **Wem** glaubt der Vater?
  Antwort: **dem Sohn** (= Dativ)
- **Dem Topf** fehlt ein Deckel.
  Frage: **Wem** fehlt ein Deckel?
  Antwort: **dem Topf** (= Dativ)

So heißen die Artikel bei maskulinen (= männlichen) Nomen im Dativ:

bestimmt, Singular	bestimmt, Plural	unbestimmt
dem	**den**	**einem**

So heißen die Artikel bei femininen (= weiblichen) Nomen im Dativ:

bestimmt, Singular	bestimmt, Plural	unbestimmt
der	**den**	**einer**

So heißen die Artikel bei neutralen (= sächlichen) Nomen im Dativ:

bestimmt, Singular	bestimmt, Plural	unbestimmt
dem	**den**	**einem**

Vor Namen im Dativ steht gewöhnlich **kein** Artikel.

Beispiel: Die Tasche gehört **Irina**. (der) Irina = Dativ

Der Dativ

Aufgabe: *Ergänze die folgenden Sätze mit den richtigen Dativen.*
Hinweis: In den Klammern stehen die Nomen im Nominativ (= 1. Fall).

1. Die Freundin verzeiht ____________________. **(der Freund)**
2. Der Freund dankt ____________________. **(die Freundin)**
3. Die Tochter hilft ____________________. **(die Mutter)**
4. Das Essen schmeckt ____________________. **(die Gäste)**
5. Sie gratulieren ____________________. **(der Sieger)**
6. Er schuldet ____________________ Geld. **(das Mädchen)**
7. Der Mann antwortet ____________________. **(der Polizist)**
8. Die Polizisten folgen ____________________. **(die Spur)**
9. ____________________ droht eine Strafe. **(der Mann)**
10. Gib ____________________ Futter. **(die Katzen)**
11. Sollen wir ____________________ einen Strauß Blumen schenken? **(die Dame)**
12. Die Hose passt ____________________. **(der Junge)**
13. Ich gehöre ____________________ an. **(ein Verein)**
14. Die Spieler hören ____________________ zu. **(der Trainer)**
15. Sie gingen ____________________ entgegen. **(ein Wald)**
16. ____________________ kommt der Donner hinterher. **(der Blitz)**
17. Das Jahr nähert sich ____________________. **(das Ende)**
18. Die Geschichte gefällt ____________________. **(die Schüler)**
19. ____________________ ist das Licht ausgegangen. **(eine Kerze)**
20. Der Schiedsrichter zeigt ____________________ die rote Karte. **(ein Spieler)**

So lerne ich Deutsch ... weiter nach und nach! / Band 2
Vielseitige Übungseinheiten zur Stärkung der Alltagskommunikation – Bestell_Nr. 13 089
KOHL VERLAG

Der Akkusativ und der Dativ

In Sätzen können auch Akkusativ (= 4. Fall) und Dativ (= 3. Fall) gleichzeitig vorkommen. Meistens steht der Dativ vor dem Akkusativ, aber nicht immer.

Du weißt:
Die Frage nach dem Akkusativ beginnt mit „**Wen oder was ...?**".
Die Frage nach dem Dativ beginnt mit „**Wem ...?**".

Beispiel:
Die Schüler beantworten **dem Lehrer Fragen**.
Akkusativ = **Fragen** Dativ = **dem Lehrer**

Aufgabe: Wie heißen der Akkusativ und der Dativ in den folgenden Sätzen?

1. Der Sohn gibt dem Vater einen Brief.
   Akkusativ = ____________________ Dativ = ____________________

2. Die Tochter sagt der Mutter die Wahrheit.
   Akkusativ = ____________________ Dativ = ____________________

3. Die Kellnerin bringt den Gästen das Essen.
   Akkusativ = ____________________ Dativ = ____________________

4. Einem Freund leiht der Junge Geld.
   Akkusativ = ____________________ Dativ = ____________________

5. Gute Besserung wünsche ich dir.
   Akkusativ = ____________________ Dativ = ____________________

Der Genitiv

In der deutschen Sprache gibt es auch den Genitiv (= **2. Fall**, = **Wessen-Fall**).
Die Frage nach dem Genitiv beginnt mit „**Wessen ...?**".

Ein Beispiel:

Die Frisur **des Mädchens** ist schön.
Frage: **Wessen** Frisur ist schön?
Antwort: **des Mädchens** (= Genitiv)

Für den **Singular (= Einzahl)** von Nomen gilt:

- Bei maskulinen (= männlichen) und neutralen (= sächlichen) Nomen steht im Genitiv der Artikel **des** oder **eines** davor.
- Bei femininen (= weiblichen) Nomen steht im Genitiv oder Artikel **der** oder **einer** davor.

Beispiel: Das Auto der Frau steht vor dem Haus.
Für den **Plural (= Mehrzahl)** von Nomen gilt:

- Bei maskulinen (= männlichen), femininen (= weiblichen) und neutralen (= sächlichen) Nomen steht im Genitiv der Artikel **der** davor.

Beispiel: Die Blätter **der Bäume** sind schon gelb.

Namen können auch ohne Artikel im Genitiv stehen. Man erkennt den Genitiv dann am angehängten **-s**.

Beispiel: Deutschlands Hauptstadt heißt Berlin. Deutschlands = Genitiv

Berlin

So lerne ich Deutsch ... weiter nach und nach! / Band 2
Vielseitige Übungseinheiten zur Stärkung der Alltagskommunikation – Bestell_Nr. 13 089
KOHL VERLAG

Der Genitiv

Der Genitiv drückt den Besitz oder die Zugehörigkeit aus.

<u>Aufgabe 1</u>: *des oder der?*
Setze in den 5 Sätzen den richtigen Artikel ein.

a) Die Spieler ________ Mannschaft feiern den Sieg.

b) Die Hunde ________ Nachbarn bellen laut.

c) Der Motor ________ Autos läuft leise.

d) Die Birne ________ Lampe brennt nicht.

e) Der Lärm ________ Jungen nervt die Mädchen.

<u>Aufgabe 2</u>: *Schreibe zu den oberen 5 Sätzen die Fragen auf:*
Wie fragt man nach den Genitiven?

a) ____ ?

b) ____ ?

c) ____ ?

d) ____ ?

e) ____ ?

Teste dich – was kannst du? (I)

Aufgabe 1: *Schreibe 3 kurze Sätze über dein Heimatland auf.*

___

___

___

Aufgabe 2: *Schreibe 3 kurze Sätze über Deutschland auf.*

___

___

___

Aufgabe 3: *Mit welchen beiden Buchstaben enden die meisten deutschen Verben im Infinitiv?*

___

Aufgabe 4: *Finde passende Verben zu den Nomen.*

a) Der Wind ___.

b) Die Blume ___.

c) Das Eis ___.

Aufgabe 5: *Konjugiere das regelmäßige Verb* ***spielen*** *im Präsens.*

ich	___	du	___	er / sie / es	___
wir	___	ihr	___	sie (Plural)	___

Aufgabe 6: *Konjugiere das unregelmäßige Verb* ***geben*** *im Präsens.*

ich	___	du	___	er / sie / es	___
wir	___	ihr	___	sie (Plural)	___

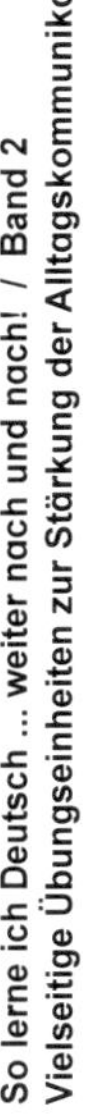

Teste dich – was kannst du? (I)

Aufgabe 7: *Wie heißen die Modalverben? Ergänze die fehlenden Buchstaben.*

s____llen w____llen m____gen m____ssen d____rfen k____nnen

Aufgabe 8: *Setze die in den Klammern stehenden Verben richtig konjugiert in die Sätze ein.*

a) Du ____________ Unterricht. **(haben)**

b) Die Frau ____________ ein Geschenk. **(kaufen)**

c) Ich ____________ dich ________. **(anrufen)**

Aufgabe 9: *Wie heißen die 3 Imperative vom Verb lesen?*

Imperativ Singular (→ du): ________________

Imperativ Plural (→ ihr): ________________

Imperativ der Höflichkeit (→ Sie): ________________

Aufgabe 10: *Welches Zeichen steht am Ende …*

eines Aussagesatzes? ________________

eines Fragesatzes? ________________

eines Ausrufesatzes? ________________

Aufgabe 11: *Dekliniere das Nomen Mann im Singular und im Plural.*

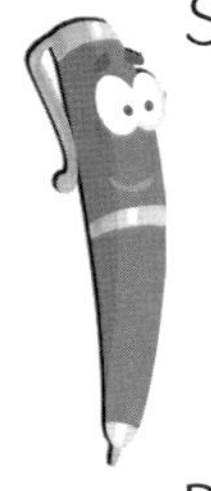

Singular

1. Fall (= Nominativ): ________________
2. Fall (= Genitiv): ________________
3. Fall (= Dativ): ________________
4. Fall (= Akkusativ): ________________

Plural

1. Fall (= Nominativ): ________________
2. Fall (= Genitiv): ________________
3. Fall (= Dativ): ________________
4. Fall (= Akkusativ): ________________

Teste dich – was kannst du? (1)

Aufgabe 12: *Dekliniere das Nomen **Frau** im Singular und im Plural.*

Singular
1. Fall (= Nominativ): ____________________
2. Fall (= Genitiv): ____________________
3. Fall (= Dativ): ____________________
4. Fall (= Akkusativ): ____________________

Plural
1. Fall (= Nominativ): ____________________
2. Fall (= Genitiv): ____________________
3. Fall (= Dativ): ____________________
4. Fall (= Akkusativ): ____________________

Aufgabe 13: *Schreibe die Fragewörter für die 4 Fälle auf.*

Fälle	Fragewörter
1. Fall (= Nominativ)	
2. Fall (= Genitiv)	
3. Fall (= Dativ)	
4. Fall (= Akkusativ)	

Aufgabe 14: *Ergänze in den Sätzen die richtige Formder **bestimmten Artikel**.*

a) Der Lehrer fragt __________ Schülerin.
b) Die Mutter glaubt __________ Sohn.
c) Die Tür __________ Hauses steht offen.

Erreichte Punktzahl: ____________________ Note: ____________________

KOHL VERLAG So lerne ich Deutsch ... weiter nach und nach! / Band 2 Vielseitige Übungseinheiten zur Stärkung der Alltagskommunikation – Bestell_Nr. 13 089

Adjektive

Was sind Adjektive?

- Adjektive beschreiben **Eigenschaften**.
- Adjektive sagen: **Wie** ist etwas?
- Man nennt die Adjektive auch **Wiewörter**.
- Adjektive schreibt man klein.

Aufgabe 1: *Unterstreiche die Adjektive in den Kästchen.*

Aufgabe 2: *Kennst du andere Adjektive? Wenn ja, welche?*
Schreibe diese Adjektive auf.

Ein schöner Tag – beschrieben durch Adjektive

Aufgabe 1: *Setze die Adjektive (siehe Kasten) in die Sätze ein:*

blau • froh • grün • gut • hell • hoch • hübsch • laut • leise • schön

1. Das Wetter ist ______________.
2. Die Sonne scheint ______________.
3. Der Himmel sieht ______________.
4. Der Wind weht ______________.
5. Die Luft riecht ______________.
6. Die Blätter der Bäume sind ______________.
7. Das Gras wächst ______________.
8. Blumen blühen ______________.
9. Einige Vögel singen ______________.
10. Menschen spazieren ______________ durch die Natur.

Aufgabe 2: *Übersetze die oberen 10 Sätze in deine Sprache.*

1. ____.
2. ____.
3. ____.
4. ____.
5. ____.
6. ____.
7. ____.
8. ____.
9. ____.
10. ____.

So lerne ich Deutsch ... weiter nach und nach! / Band 2 – Bestell_Nr. 13 089
Vielseitige Übungseinheiten zur Stärkung der Alltagskommunikation

Adjektive steigern

Viele Adjektive lassen sich steigern, aber nicht alle. Nicht steigern kann man die Adjektive

richtig, falsch, voll, leer, tot ...

Das Steigern von Adjektiven dient zu Vergleichen. Man unterscheidet 3 Stufen:

die Grundstufe	die 1. Steigerungsstufe (= Komperativ)	die 2. Steigerungsstufe (= Superlativ)

Ein Beispiel für die Steigerung eines Adjektivs:

Grundstufe	1. Steigerungsstufe (= Komperativ)	2. Steigerungsstufe (= Superlativ)
schnell	schnell**er**	am schnell**sten**

Bei der 1. Steigerungsstufe ergänzt man **-er**.
Bei der 2. Steigerungsstufe ergänzt man **-sten** und setzt das **am** vor das Adjektiv.
Weitere Änderungen von der Grundstufe in die 1. Steigerungsstufe und in die 2. Steigerungsstufe:

a wird zu ä

o wird zu ö

u wird zu ü

Aufgabe: *Steigere die folgenden Adjektive.*

1. tief ____________________ ____________________
2. lang ____________________ ____________________
3. alt ____________________ ____________________
4. groß ____________________ ____________________
5. jung ____________________ ____________________

Unregelmäßige Steigerung von Adjektiven

Einige Adjektive steigert man <u>un</u>regelmäßig (= nicht regelmäßig).

<u>Aufgabe:</u> *Trage links in die Tabelle ein: Wie heißen die jeweiligen Adjektive in der Grundstufe? Unten steht eine Lösungshilfe.*

	Grundstufe	1. Steigerungsstufe	2. Steigerungsstufe
1.		kälter	am kältesten
2.		härter	am härtesten
3.		teurer	am teuersten
4.		heißer	am heißesten
5.		müder	am müdesten
6.		leiser	am leisesten
7.		dunkler	am dunkelsten
8.		höher	am höchsten
9.		näher	am nächsten
10.		besser	am besten

Beim Vergleich in der **<u>Grundstufe</u>** steht im Satz immer vor dem Adjektiv das Wort **<u>so</u>** und nach dem Adjektiv das Wort **<u>wie</u>**.

<u>Beispiel:</u> Die Jungen sind **<u>so alt wie</u>** die Mädchen.

Beim Vergleich in der **1. Steigerungsstufe** steht im Satz immer hinter dem Adjektiv das Wort **<u>als</u>**.

<u>Beispiel:</u> Heute ist es **<u>kälter als</u>** gestern.

Lösungshilfe:
dunkel • gut • hart • heiß • hoch • kalt • leise • müde • nah • teuer

So lerne ich Deutsch ... weiter nach und nach! / Band 2
Vielseitige Übungseinheiten zur Stärkung der Alltagskommunikation – Bestell_Nr. 13 089

Adjektive – Vergleiche

<u>Aufgabe</u>: *Beantworte die Fragen in ganzen Sätzen*

1. Welches Kind ist größer? (a oder b)

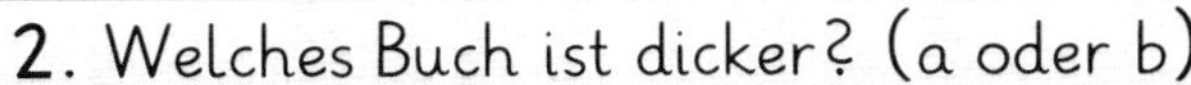

2. Welches Buch ist dicker? (a oder b)

3. Welche Katze ist kleiner? (a oder b)

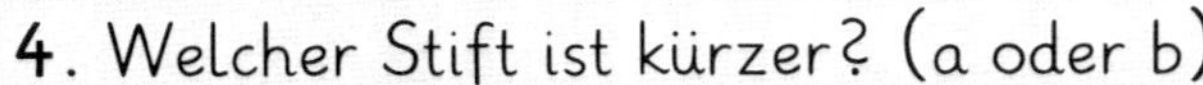

4. Welcher Stift ist kürzer? (a oder b)

5. Welches Seil ist länger? (a oder b)

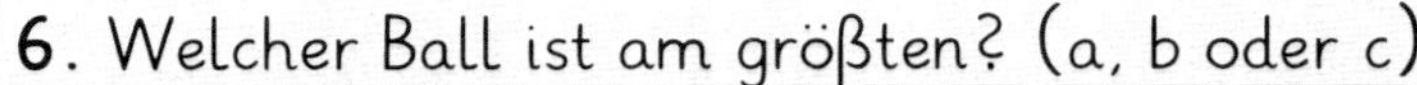

6. Welcher Ball ist am größten? (a, b oder c)

7. Welches Haus ist am kleinsten? (a, b oder c)

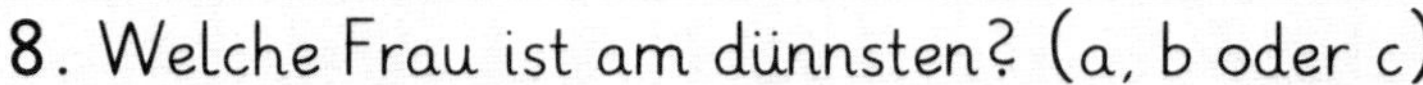

8. Welche Frau ist am dünnsten? (a, b oder c)

9. Welcher Baum ist am dicksten? (a, b oder c)

10. Welcher Mann ist am längsten? (a, b oder c)

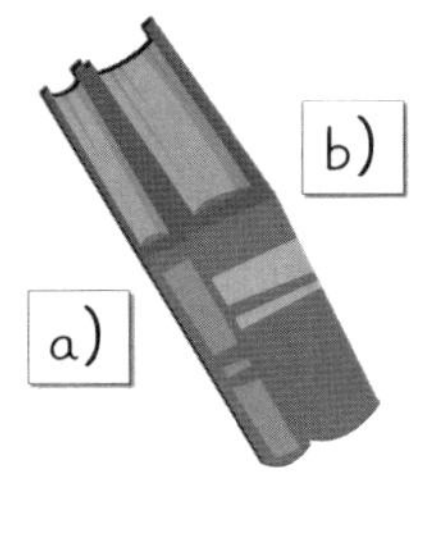

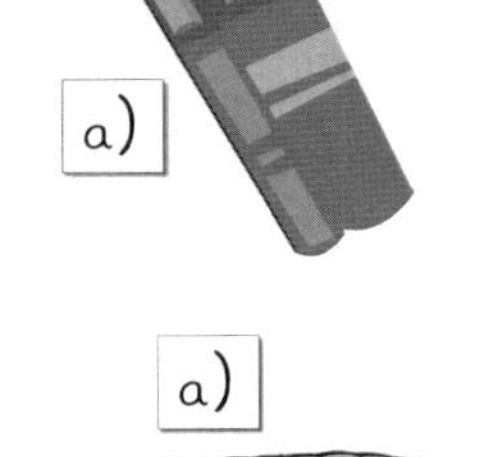

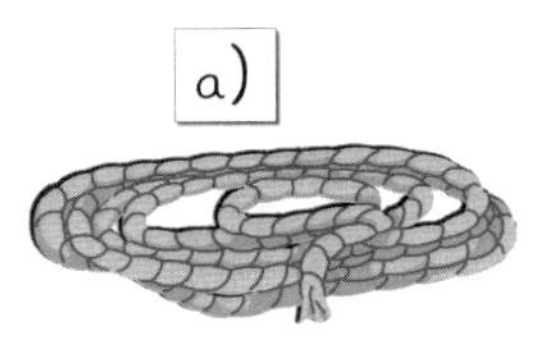

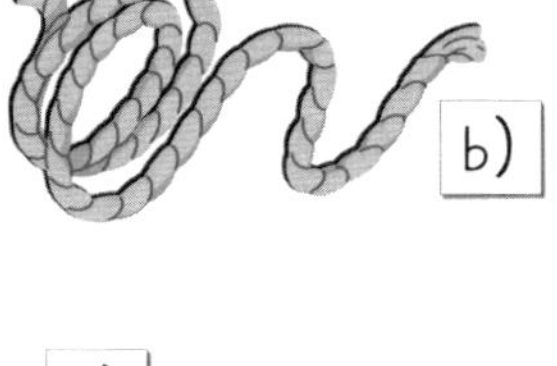

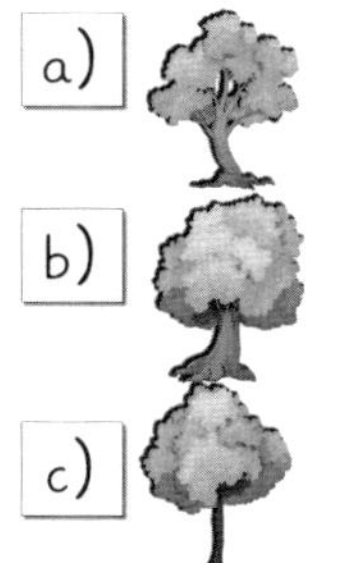

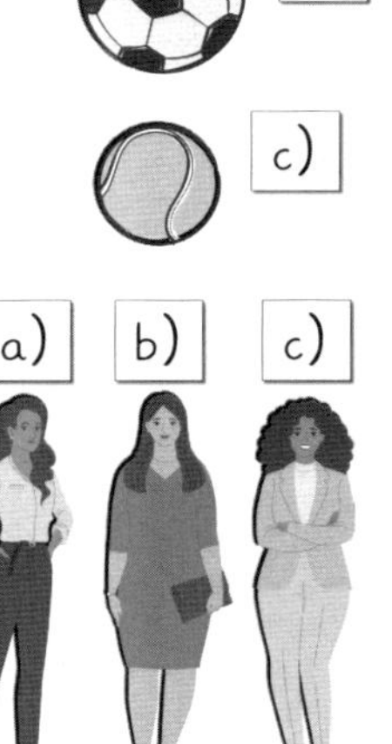

Adjektive und Nomen verbinden

Aufgabe: *Verbinde die Adjektive mit den Nomen wie in den Beispielen.*

Der Junge ist schnell. → der schnelle Junge

Die Lehrerin ist nett. → die nette Lehrerin

Das Tier ist süß. → das süße Tier

1. Die Frau ist hübsch. → ... ______________________
2. Das Handy ist neu. → ... ______________________
3. Der Weg ist weit. → ... ______________________

Die Männer sind alt. → die alten Männer

Die Straßen sind nass. → die nassen Straßen

Die Kinder sind krank. → die kranken Kinder

4. Die Häuser sind klein. → ... ______________________
5. Die Glocken sind laut. → ... ______________________
6. Die Bäume sind hoch. → ... ______________________

Ein Schrank ist groß. → ein großer Schrank

Eine Geschichte ist kurz. → eine kurze Geschichte

Ein Auto ist kaputt. → ein kaputtes Auto

7. Ein Garten ist schön. → ... ______________________
8. Ein Kleid ist teuer. → ... ______________________
9. Eine Tür ist breit. → ... ______________________

KOHL VERLAG So lerne ich Deutsch ... weiter nach und nach! / Band 2
Vielseitige Übungseinheiten zur Stärkung der Alltagskommunikation – Bestell_Nr. 13 089

Die 4 Fälle der Personalpronomen

Wir deklinieren auch die Personalpronomen.

Singular (= Einzahl)	Nominativ (= 1. Fall)	Genitiv (= 2. Fall)	Dativ (= 3. Fall)	Akkusativ (= 4. Fall)
1. Person	ich	meiner	mir	mich
2. Person	du	deiner	dir	dich
3. Person mas.	er	seiner	ihm	ihn
3. Person fem.	sie	ihrer	ihr	sie
3. Person neu.	es	seiner	ihm	es
Plural (= Mehrzahl)	Nominativ (= 1. Fall)	Genitiv (= 2. Fall)	Dativ (= 3. Fall)	Akkusativ (= 4. Fall)
1. Person	wir	unser	uns	uns
2. Person	ihr	euer	euch	euch
3. Person	sie	ihrer	ihnen	sie

Aufgabe 1: *Wie heißen die Personalpronomen im ...*

4. Fall (= Akkusativ)? ______________________

____

3. Fall (= Dativ)? ______________________

____

2. Fall (= Genitiv)? ______________________

____

- Nach dem Nominativ (= 1. Fall) fragt man „Wer oder was ... ?"
- Nach dem Genitiv (= 2. Fall) fragt man „Wessen ... ?"
- Nach dem Dativ (= 3. Fall) fragt man „Wem ... ?"
- Nach dem Akkusativ (= 4. Fall) fragt man „Wen oder was ... ?"

Aufgabe 2: *Setze in den Sätzen die richtigen Personalpronomen ein.*

a) Ich glaube ________. (dir/dich) Frage: Wem glaube ich?

b) Du lobst ________. (ihr/sie) Frage: Wen oder was lobst du?

c) Er fehlt ________. (uns/unser) Frage: Wem fehlt er?

d) Sie vertrauen ________. (sie/ihr) Frage: Wem vertrauen sie?

f) Ihr seht ________. (ihm/ihn) Frage: Wen oder was seht ihr?

f) Wir gedenken ________. (ihrer/ihnen) Frage: Wessen gedenken wir?

Possessivpronomen im Nominativ

Possessivpronomen geben den Besitz an. Die Tabelle nennt zu den Personalpronomen die zugehörigen **Possessivpronomen im Nominativ** (1. Fall).

Personalpronomen	Possessivpronomen im Nominativ		
	Maskulines Nomen: der	**Feminines Nomen: die**	**Neutrales Nomen: das**
ich	mein	meine	mein
du	dein	deine	dein
er	sein	seine	sein
sie	ihr	ihre	ihr
es	sein	seine	sein
wir	unser	unsere	unser
ihr	euer	eure	euer
sie	ihr	ihre	ihr

Die Nomen bestimmen die Endungen der Possessivpronomen.

Aufgabe 1: *Setze die richtigen Possessivpronomen in die Lücken ein.*

1. Das ist __________ Buch. **(du)**
2. Das ist __________ Stift. **(ich)**
3. Das ist __________ Mappe. **(er)**
4. Das ist __________ Schule. **(wir)**
5. Das ist __________ Brot. **(sie)**
6. Das ist __________ Ball. **(wir)**
7. Das ist __________ Klasse. **(ihr)**
8. Das ist __________ Tisch. **(sie)**
9. Das sind __________ Stifte. **(es)**
10. Das sind __________ Tiere. **(sie)**

So lerne ich Deutsch ... weiter nach und nach! / Band 2
Vielseitige Übungseinheiten zur Stärkung der Alltagskommunikation – Bestell_Nr. 13 089
KOHL VERLAG

Possessivpronomen im Nominativ

<u>Aufgabe 2</u>: *Ergänze zu den Personalpronomen die zugehörigen Possessivpronomen im Nominativ (= 1. Fall).*

	der Vater	die Katze	das Haus	der Stift	die Mutter	das Fahrrad
ich	mein					
du	dein					
er	sein					
sie						
es						
wir						
ihr						
sie						

<u>Aufgabe 3</u>: *Setze die richtigen Possessivpronomen in die Lücken ein.*

1. Er hat einen Stift. Das ist ____________ Stift.
2. Wir haben ein Haus. Das ist ____________ Haus.
3. Sie hat eine Mutter. Das ist ____________ Mutter.
4. Sara hat zwei Katzen. Das sind ____________ Katzen.
5. Er hat ein Fahrrad. Das ist ____________ Fahrrad.
6. Ich habe eine Katze. Das ist ____________ Katze.
7. Du hast einen Vater. Das ist ____________ Vater.
8. Ihr habt einen Hund. Das ist ____________ Hund.

Possessivpronomen im Nominativ

<u>Aufgabe 4</u>: *Schreibe zu den Personalpronomen (siehe Klammern) die Possessivpronomen auf. Seite 57 hilft dir dabei.*

1. i__________ Tasche (sie)
2. e__________ Eltern (ihr)
3. s__________ Jacke (er)
4. s__________ Fell (er)
5. m__________ Computer (ich)
6. d__________ Tante (du)
7. e__________ Geld (ihr)
8. i__________ Freunde (sie)
9. u__________ Hund (wir)
10. d__________ Fahrrad (du)
11. u__________ Reise (wir)
12. d__________ Hefte (du)
13. s__________ Schwestern (du)
14. m__________ E-Mail (ich)
15. s__________ Hobbys (er)
16. i__________ Kleidung (ihre)
17. u__________ Ferien (wir)
18. e__________ Lehrerin (ihr)
19. m__________ Lehrer (ich)
20. e__________ Bruder (ihr)

So lerne ich Deutsch ... weiter nach und nach! / Band 2
Vielseitige Übungseinheiten zur Stärkung der Alltagskommunikation – Bestell_Nr. 13 089
KOHL VERLAG

Possessivpronomen im Akkusativ

Der Akkusativ ist der 4. Fall (= Wen-Fall oder Was-Fall). Dieser Fall antwortet auf die Frage „**Wen oder was ...?**"

Personal-pronomen	Possessivpronomen im Akkusativ		
	Maskulines Nomen: der	**Feminines Nomen: die**	**Neutrales Nomen: das**
ich	meinen	meine	mein
du	deinen	deine	dein
er	seinen	seine	sein
sie	ihren	ihre	ihr
es	seinen	seine	sein
wir	unseren	unsere	unser
ihr	euren	eure	euer
sie	ihren	ihre	ihr

Aufgabe: *Setze die richtigen Possessivpronomen in die Lücken ein.*

1. Ich schreibe m_________ E-Mail. **(die E-Mail)**
2. Sie grüßt i_________ Freund. **(der Freund)**
3. Ich gieße m_________ Blumen. **(die Blumen)**
4. Die Schwester bekommt i_________ Handy. **(das Handy)**
5. Er liebt s_________ Mutter. **(die Mutter)**
6. Wir essen u_________ Reis. **(der Reis)**
7. Ihr putzt e_________ Zimmer. **(das Zimmer)**
8. Sie trinken i_________ Tee. **(der Tee)**
9. Ich rufe m_________ Freund. **(der Freund)**

Possessivpronomen im Dativ

Der Dativ ist der 3. Fall (= Wem-Fall). Dieser Fall antwortet auf die Frage „**Wem** ...?"

Personal-pronomen	Possessivpronomen im Dativ		
	Maskulines Nomen: der	**Feminines Nomen: die**	**Neutrales Nomen: das**
ich	meinem	meiner	meinem
du	deinem	deiner	deinem
er	seinem	seiner	seinem
sie	ihrem	ihrer	ihrem
es	seinem	seiner	seinem
wir	unserem	unserer	unserem
ihr	eurem	eurer	eurem
sie	ihrem	ihrer	ihrem

Aufgabe: *Setze die richtigen Possessivpronomen in die Lücken ein.*

1. Ich helfe m________ Freund. (der Freund)
2. Er schenkt s________ Freundin Blumen. (die Freundin)
3. Wir helfen u________ Mutter. (die Mutter)
4. Der Vater gibt s________ Kind 5 Euro. (das Kind)
5. Ich zeige m________ Freund das Buch. (der Freund)
6. Ihr helft e________ Mutter. (die Mutter)
7. Sie dankt i________ Lehrerin. (die Lehrerin)
8. Der Hund gehorcht s________ Besitzer. (der Besitzer)

KOHL VERLAG
So lerne ich Deutsch ... weiter nach und nach! / Band 2
Vielseitige Übungseinheiten zur Stärkung der Alltagskommunikation – Bestell_Nr. 13 089

Gegenteile – Nomen

Beispiel: Das Gegenteil von **der Vater** ist **die Mutter**.

Aufgabe: *Wie heißen die Gegenteile zu folgenden Nomen? Eine Lösungshilfe findest du unten auf dieser Seite. Suche im Wörterbuch oder im Internet nach Erklärungen von dir bisher unbekannten Wörtern.*

1. der Mann = die ____________________
2. der Junge = das ____________________
3. der Bruder = die ____________________
4. der Tag = die ____________________
5. der Himmel = die ____________________
6. das Leben = der ____________________
7. der Frieden = der ____________________
8. die Frage = die ____________________
9. die Freizeit = die ____________________
10. der Spaß = der ____________________
11. die Freude = die ____________________
12. der Sieg = die ____________________
13. das Glück = das ____________________
14. der Gewinner = der ____________________
15. das Licht = der ____________________
16. die Wahrheit = die ____________________
17. die Wirklichkeit = der ____________________
18. die Vergangenheit = die ____________________
19. der Anfang = das ____________________
20. die Begrüßung = die ____________________

Lösungshilfe:

Antwort • Arbeit • Ende • Erde • Ernst • Frau • Krieg • Lüge • Mädchen • Nacht • Niederlage • Pech • Schatten • Schwester • Tod • Trauer • Traum • Verabschiedung • Verlierer • Zukunft

Gegenteile – Verben

Beispiel: Das Gegenteil von **geben** ist **nehmen**.

Aufgabe: *Wie heißen die Gegenteile zu folgenden Verben? Eine Lösungshilfe findest du unten auf dieser Seite. Suche im Wörterbuch oder im Internet nach Erklärungen von dir bisher unbekannten Wörtern.*

1. beginnen = ____________________
2. aufwachen = ____________________
3. öffnen = ____________________
4. lachen = ____________________
5. kaufen = ____________________
6. saubermachen = ____________________
7. lieben = ____________________
8. auftauen = ____________________
9. festhalten = ____________________
10. befehlen = ____________________
11. verbieten = ____________________
12. verneinen = ____________________
13. angreifen = ____________________
14. bringen = ____________________
15. ziehen = ____________________
16. trennen = ____________________
17. reden = ____________________
18. schreien = ____________________
19. finden = ____________________
20. sich erinnern = ____________________

Lösungshilfe:

aufhören • bejahen • beschmutzen • einschlafen • erlauben • flüstern • frieren •
gehorchen • hassen • holen • loslassen • schieben • schließen • schweigen • verbinden •
vergessen • verkaufen • verlieren • verteidigen • weinen

So lerne ich Deutsch ... weiter nach und nach! / Band 2
Vielseitige Übungseinheiten zur Stärkung der Alltagskommunikation – Bestell_Nr. 13 089
KOHL VERLAG

Gegenteile – Adjektive

Beispiel: Das Gegenteil von **groß** ist **klein**.

Aufgabe: *Wie heißen die Gegenteile zu folgenden Adjektiven? Eine Lösungshilfe findest du unten auf dieser Seite. Suche im Wörterbuch oder im Internet nach Erklärungen von dir bisher unbekannten Wörtern.*

1. lang = ________________
2. hoch = ________________
3. hart = ________________
4. hell = ________________
5. stark = ________________
6. laut = ________________
7. gut = ________________
8. richtig = ________________
9. trocken = ________________
10. voll = ________________
11. reich = ________________
12. teuer = ________________
13. satt = ________________
14. fleißig = ________________
15. schön = ________________
16. fröhlich = ________________
17. jung = ________________
18. gesund = ________________
19. süß = ________________
20. rund = ________________

Lösungshilfe:

alt • arm • billig • dunkel • eckig • falsch • faul • hässlich • hungrig • krank • kurz •
leer • leise • nass • sauer • schlecht • schwach • tief • traurig • weich

Bildung des Perfekts mit dem Hilfsverb haben

Man benutzt das Perfekt gewöhnlich mündlich. Möglich ist auch, das Perfekt schriftlich zu benutzen. Das Perfekt ist eine Zeitform der Vergangenheit.

Das Perfekt bildet man **meistens** mit dem **konjugierten Hilfsverb haben** und dem Partizip II des jeweiligen Vollverbs.

haben + Partizip II

Beispiele für regelmäßige Verben	Beispiele für unregelmäßige Verben
Ich habe gesagt.	Du hast gelesen.
Sie hat gelacht.	Sie haben gegessen.
Wir haben gerechnet.	Ihr habt gerufen.

Zur Erinnerung: So konjugiert man **haben**:

ich habe, du hast, er / sie / es hat, wir haben, ihr habt, sie haben

Aufgabe: *Bilde das Perfekt folgender regelmäßiger Verben.*

1. Sie (Singular) __________ ______________ (lernen)
2. Er __________ ______________ (warten)
3. Du __________ ______________ (spielen)
4. Es __________ ______________ (regnen)
5. Ich __________ ______________ (arbeiten)
6. Ihr __________ ______________ (kochen)
7. Sie (Plural) __________ ______________ (reden)
8. Wir __________ ______________ (feiern)

KOHL VERLAG
So lerne ich Deutsch ... weiter nach und nach! / Band 2
Vielseitige Übungseinheiten zur Stärkung der Alltagskommunikation – Bestell-Nr. 13 089

Bildung des Perfekts mit dem Hilfsverb sein

Seltener als mit **haben** bildet man das Perfekt mit dem **konjugierten Hilfsverb sein** und dem Partizip II des jeweiligen Vollverbs.

Hauptsächlich steht das Hilfsverb **sein** bei:

- Verben der **Bewegung**,
- Verben der **Veränderung des Zustandes**,
- Verben wie z. B. **geschehen**, **gelingen**, **bleiben** .

sein + Partizip II

Beispiele für regelmäßige Verben	Beispiele für unregelmäßige Verben
Er ist gestürzt.	Du bist gefallen.
Wir sind gewandert.	Ich bin gefahren.
Ihr seid geflüchtet.	Sie sind gewachsen.

Zur Erinnerung: So konjugiert man **sein**:

ich bin, du bist, er / sie / es ist, wir sind, ihr seid, wir sind

Aufgabe 1: *Bilde das Perfekt der folgenden regelmäßigen Verben.*

1. Ihr __________ _______________ (joggen)
2. Du __________ _______________ (hüpfen)
3. Ich __________ _______________ (klettern)
4. Es __________ _______________ (passieren)

Aufgabe 2: *Bilde das Perfekt der folgenden unregelmäßigen Verben.*

1. Wir __________ _______________ (laufen)
2. Ihr __________ _______________ (kommen)
3. Es __________ _______________ (geschehen)
4. Er __________ _______________ (einschlafen)

Haben oder sein bei unregelmäßigen Verben

Einige unregelmäßige Verben ändern bei der Bildung des **Partizips II** für das Perfekt im Wortstamm den Vokal (= Selbstlaut).

Beispiele:

- singen → Die Kinder haben gesungen.
- schmelzen → Das Eis ist geschmolzen.

haben oder sein?

Aufgabe: *Setze in den folgenden Sätzen die jeweils richtig konjugierte Form des Hilfsverbs im Perfekt ein.*

1. gewinnen → Die Mannschaft __________ das Spiel gewonnen.
2. fliegen → Die Vögel __________ nach Süden geflogen.
3. springen → Das Tier __________ über den Zaun gesprungen.
4. stehen → Einige Leute __________ vor der Tür gestanden.
5. kriechen → Schnecken __________ über den Weg gekrochen.

6. finden → Der Mann __________ einen Schlüssel gefunden.
7. fließen → Das Wasser __________ schnell geflossen.
8. liegen → Zwei Jungen __________ auf dem Boden gelegen.
9. aufstehen → Ein Mann __________ von seinem Platz aufgestanden.
10. wegschwimmen → Die Enten __________ weggeschwommen.
11. kennen → Die Frauen __________ sich gekannt.
12. abschließen → __________ du die Tür abgeschlossen?
13. gelingen → __________ das euch gelungen?
14. trinken → __________ ihr schon etwas getrunken?
15. sprechen → __________ er schon mit dir gesprochen?

So lerne ich Deutsch ... weiter nach und nach! / Band 2
Vielseitige Übungseinheiten zur Stärkung der Alltagskommunikation – Bestell_Nr. 13 089
KOHL VERLAG

Perfekt – Hilfsverb und Partizip II ergänzen

<u>Aufgabe</u>: *Ergänze die Sätze mit den beiden Teilen des Perfekts – richtiges Hilfsverb (haben oder sein) und Partizip II (mit geändertem Vokal bei unregelmäßigen Verben).*

1. Gestern ________ ich im Park spazieren ________________. **(gehen)**
2. Im Park ________ ich meine Freundin ________________. **(sehen)**
3. Dort ________ wir lange ________________. **(bleiben)**
4. Danach ________ wir Fußball ________________. **(spielen)**
5. In den Ferien ________ ich nach Spanien ________________. **(fliegen)**
6. Heute ________ wir den Vokabeltest ________________. **(schreiben)**
7. In der Pause ________ ich einen Apfel ________________. **(essen)**
8. Meine Hände ________ ich schon ________________. **(waschen)**
9. Ich ________ mein Wörterbuch ________________. **(verlieren)**
10. Mein Freund ________ mir ________________. **(helfen)**
11. Ich ________ in Berlin ________________. **(wohnen)**
12. Sie ________ ein Buch ________________. **(lesen)**
13. Er ________ die Aufgaben nicht ________________. **(verstehen)**
14. Wir ________ mit dem Bus ________________. **(fahren)**
15. Die Lehrerin ________ mit uns ________________. **(sprechen)**
16. Ich ________ mein Zimmer ________________. **(aufräumen)**
17. Im Unterricht ________ er ________________. **(einschlafen)**
18. Er ________ mich ________________. **(einladen)**
19. Ich ________ den Müll ________________. **(hinaustragen)**
20. Der Zug ________ pünktlich ________________. **(ankommen)**
21. Der Zug ________ schon ________________. **(abfahren)**
22. Das Konzert ________ gerade ________________. **(beginnen)**
23. Unsere Freunde ________ gerade ________________. **(abreisen)**
24. Ich ________ ihn schon ________________. **(anrufen)**
25. Unsere Nachbarn ________ schon ________________. **(ausziehen)**
26. Ich ________ gestern Deutsch ________________. **(lernen)**

Hast du alle Sätze verstanden?

Aufgabe: *Welche Wörter in den Sätzen aus den letzten Übungen kennst du nicht? Schreibe die Wörter hier auf und übersetze sie in deine Sprache (Internet oder Wörterbuch).*

Deutsch	Meine Sprache

Deutsch	Meine Sprache

Manche Verben beginnen mit ...

be- (wie bekommen),
ent- (wie entdecken),
em- (wie empfehlen) oder
ver- (wie vergessen),
tele- (wie telefonieren),
zer- (wie zerstören).

Mit diesen Verben bildet man das Partizip II des Perfekts ohne **ge-** am Anfang.

So lerne ich Deutsch ... weiter nach und nach! / Band 2
Vielseitige Übungseinheiten zur Stärkung der Alltagskommunikation – Bestell_Nr. 13 089
KOHL VERLAG

Deine Tätigkeiten (Perfekt)

__Aufgabe:__ *Antworte jeweils mit eigenen (kurzen) Sätzen* ***im Perfekt****. Beginne mit „Ich habe ...“ oder mit „Ich bin ...“, so wie es das Vollverb im Partizip II erfordert.*
Schaue dir dazu noch einmal die Seiten „Bildung des Perfekts“ an.

a) Was hast du während der letzten Woche (Montag bis Freitag) gemacht?

b) Was hast du am letzten Wochenende (Sonnabend / Samstag bis Sonntag) gemacht?

Vom Präsens in das Perfekt übertragen

<u>Aufgabe 1</u>: *Unterstreiche in den 10 Sätzen die **<u>Verben</u>**.*

In der Schule

1. Der Lehrer erzählt eine Geschichte.
2. Die Schüler hören zu.
3. Dann stellt der Lehrer Fragen.
4. Einige Schüler melden sich.
5. Sie beantworten die Fragen.
6. Manche Schüler fragen den Lehrer.
7. Er antwortet auf die Fragen.
8. Danach zeigt der Lehrer den Schülern Bilder.
9. Der Lehrer erklärt die Bilder.
10. Dabei lernen die Schüler Neues.

<u>Aufgabe 2</u>: *Schreibe die 10 Sätze im Perfekt auf.*

In der Schule

1. ____________________
2. ____________________
3. ____________________
4. ____________________
5. ____________________
6. ____________________
7. ____________________
8. ____________________
9. ____________________
10. ____________________

Einen Text verstehen (I) – lesen, Wörter übersetzen

Der Tag eines Jungen

Ich bin ein 14 Jahre alter Junge. Ich lebe in Hamburg. Hamburg liegt in Deutschland. In der Woche stehe ich morgens um sieben auf. Ich wasche mich und ziehe mich an. Ich frühstücke mit meiner Familie. Ich esse Müsli und trinke Tee. Danach putze ich meine Zähne. Dann ziehe ich meine Schuhe und meine Jacke an und gehe los. Die Schule ist nicht weit. Ich gehe zu Fuß in die Schule. Ich bin um 8 Uhr in der Schule. Mein Unterricht beginnt um 8.30 Uhr. Wir haben von 12 bis 13 Uhr Mittagspause. Ich habe jeden Tag 6 Stunden Unterricht.
Um 15.30 Uhr komme ich nach Hause.

<u>Aufgabe</u>: *Lies den Text. Wie heißen die Wörter in deiner Sprache? Hast du alle Wörter verstanden? Du kannst weitere Wörter eintragen.*

Deutsch	Meine Sprache
der Tag	
alt	
leben	
die Woche	
morgens	
trinken	
danach	
die Zähne	
aufstehen	
weit	
der Unterricht	
losgehen	

Deutsch	Meine Sprache
(sich) waschen	
anziehen	
frühstücken	
die Familie	
essen	
das Müsli	
putzen	
die Jacke	
beginnen	
die Schule	
zu Fuß	
die Stunde	

Einen Text verstehen (II) – Fragen

Aufgabe: *Du hast den Text* ***Der Tag eines Jungen*** *gelesen. Beantworte jetzt die 10 Fragen zum Text in ganzen Sätzen.*

1. Wann steht der Junge morgens an den Schultagen auf?

2. Wie alt ist der Junge?

3. Wo lebt der Junge?

4. Was macht er morgens nach dem Aufstehen?

5. Was trinkt er am Morgen?

6. Was isst er am Morgen?

7. Wann kommt er in der Schule an?

8. Um wie viel Uhr beginnt der Unterricht?

9. Wie viele Stunden hat der Junge an den Schultagen Unterricht?

10. Wann kommt er nach Hause?

So lerne ich Deutsch ... weiter nach und nach! / Band 2
Vielseitige Übungseinheiten zur Stärkung der Alltagskommunikation – Bestell_Nr. 13 089

Einen Text verstehen (III) – Fragen

<u>Aufgabe</u>: *Du hast den Text über den Jungen gelesen und die 10 Fragen beantwortet.*
Überlege jetzt, wie ein Tag in deinem Leben aussieht.
Beantworte dazu die 10 Fragen in ganzen Sätzen.

1. Wann stehst du morgens an den Schultagen auf?

____

2. Was machst du morgens nach dem Aufstehen?

____

3. Wer macht dein Bett?

____

4. Was trinkst du am Morgen?

____

5. Was isst du am Morgen?

____

6. Um wie viel Uhr gehst du los zur Schule?

____

7. Wann kommst du in der Schule an?

____

8. Um wie viel Uhr beginnt der Unterricht meistens?

____

9. Wie viele Stunden Unterricht hast du an den meisten Schultagen?

____

10. Wann kommst du an den meisten Schultagen nach Hause?

____

Noch einen Text verstehen (IV)

Mein Name ist Theofania. Ich komme aus Griechenland, aber lebe in Hamburg. Ich bin eine Schülerin. Ich bin 16 Jahre alt. Ich bin 1,65 Meter groß. Ich habe schwarze Augen und schwarze Haare. Ich gehe in die 10. Klasse. Ich lerne Deutsch. Ich spreche Griechisch und Englisch. Ich habe viele Freunde. Am Montag spiele ich Fußball in der Schule. Am Freitag tanze ich. Am Wochenende treffe ich meine Freundin. Wir gehen zusammen shoppen. Abends lese ich gern Bücher.

Aufgabe: *Lies den Text und beantworte die Fragen zum Text in ganzen Sätzen.*

1. Wie heißt das Mädchen?

   ____

2. Wie alt ist es?

   ____

3. Welche Farben haben die Augen und Haare?

   ____

4. In welche Klasse geht Theofania?

   ____

5. Wann spielt sie Fußball?

   ____

6. Wie viele Freunde hat sie?

   ____

7. Wie groß ist Theofania?

   ____

8. Welche Sprachen spricht sie?

   ____

9. Was macht sie am Wochenende?

   ____

10. Was macht sie abends?

    ____

So lerne ich Deutsch ... weiter nach und nach! / Band 2
Vielseitige Übungseinheiten zur Stärkung der Alltagskommunikation – Bestell_Nr. 13 089

Ich und meine Familie

<u>Aufgabe</u>: *Schreibe einen Text in eigenen Sätzen. Was kannst du über dich und deine Familie sagen? In deinem Text solltest du folgende Fragen beantworten.*

Teste dich – was kannst du? (II)

Aufgabe 1: *Welche Wörter im Kasten sind Adjektive (= Wiewörter)? Schreibe die* ***Adjektive*** *auf.*

blau • das • eine • schwer • essen • Flasche • leise • du • gesund • hübsch

____

____

Aufgabe 2: *Ergänze die fehlenden Formen der Adjektive.*

	Grundstufe	1. Steigerungsstufe (= Komperativ)	2. Steigerungsstufe (= Superlativ)
a)	laut		am lautesten
b)		älter	am ältesten
c)	warm		am wärmsten
d)	hoch	höher	
e)		besser	am besten

Aufgabe 3: *Adjektive und Nomen lassen sich verbinden. Ergänze die fehlenden Buchstaben.*

a) die fleißig____ Schülerin

b) ein freundlich____ Schüler

c) die klein____ Kinder

Aufgabe 4: *Was ist richtig? Setze die richtigen* ***Personalpronomen*** *ein.*

a) Ich helfe ____________. (dich / dir)

b) Du kannst ____________ anrufen. (mich / mir)

c) Das Bild gefällt ____________. (ihr / sie)

d) Es geht ____________ gut. (unser / uns)

e) Wir besuchen ____________. (euer / euch)

So lerne ich Deutsch ... weiter nach und nach! / Band 2
Vielseitige Übungseinheiten zur Stärkung der Alltagskommunikation – Bestell_Nr. 13 089

Teste dich – was kannst du? (II)

Aufgabe 5: *Setze die richtigen **Possessivpronomen** in die Sätze ein.*

a) Du besitzt ein Handy. Das ist ______________ Handy.

b) Sie besitzt eine Tasche. Das ist ______________ Tasche.

c) Er besitzt einen Hund. Das ist ______________ Hund.

d) Wir besitzen eine Katze. Das ist ______________ Katze.

e) Ihr besitzt ein Haus. Das ist ______________ Haus.

Aufgabe 6: *Wie heißt das Gegenteil von ...*

a) Freude? ______________________

b) Ernst? ______________________

c) erlauben? ______________________

d) beginnen? ______________________

e) dunkel? ______________________

Aufgabe 7: *Setze die richtigen **bestimmten Artikel** in die Sätze ein.*

a) Ich gehe in ________ Schule.

b) Ich gehe in ________ Schwimmbad.

c) Ich gehe in ________ Wald.

Aufgabe 8: *Bilde das **Perfekt** folgender Verben:*

a) ich ____________________ **(hören)**

b) du ____________________ **(holen)**

c) wir ____________________ **(warten)**

d) ihr ____________________ **(baden)**

Teste dich – was kannst du? (II)

Aufgabe 9: *Sein oder haben? Bilde das richtige* ***Perfekt****.*

a) Die Frau ____________ geredet.

b) Der Mann ____________ gewandert.

c) Die Jungen ____________ gelaufen.

d) Die Mädchen ____________ gesungen.

Aufgabe 10: *Was hast du in der letzten Woche gemacht? Schreibe 5 Sätze* ***im Perfekt*** *auf.*

Ich ____.

Ich ____.

Ich ____.

Ich ____.

Ich ____.

Aufgabe 11: *Schreibe 6 Sätze über dich auf. Das bin ich:*

Erreichte Punktzahl: ____________ Note: ____________

So lerne ich Deutsch ... weiter nach und nach! / Band 2 – Bestell_Nr. 13 089
Vielseitige Übungseinheiten zur Stärkung der Alltagskommunikation
KOHL VERLAG

Lösungen

Seiten 6–8: individuelle Lösungen

Seite 9: 1. individuelle Lösungen; 2. Europa (Mitteleuropa); 3. ca. 85 Millionen (Stand 2024); 4. individuelle Lösungen; 5. schwarz, rot und gelb (gold); 6. Dänemark, Polen, Tschechien, Österreich, Schweiz, Frankreich, Luxemburg, Belgien, Niederlande; 7. Berlin; 8. 16; 9. individuelle Lösungen

Seite 10: individuelle Lösungen

Seite 11: Aufgabe: individuelle Lösungen

Seite 12: Aufgabe 1: 1. fällt; 2. bläst; 3. schwimmt; 4. bellt; 5. unterrichtet; 6. untersucht; 7. serviert; 8. heizt; 9. schließt; 10. schmeckt

Aufgabe 2: individuelle Lösungen

Seite 13: Aufgabe 1: 1. scheint; 2. blüht; 3. weht; 4. miaut; 5. fliegt; 6. kriecht; 7. spielt; 8. singt; 9. läutet; 10. heult

Aufgabe 2: individuelle Lösungen

Seite 14: Aufgabe 1: 1. fließt; 2. schmilzt; 3. wächst; 4. brennt; 5. schneidet; 6. klingelt; 7. sieht; 8. hört; 9. schlägt; 10. denkt

Aufgabe 2: individuelle Lösungen

Seite 16: Aufgabe 1:

Infinitiv		kaufen	malen	rechnen	loben
ich	-e	kaufe	male	rechne	lobe
du	-st	kaufst	malst	rechnest	lobst
er / sie / es	-t	kauft	malt	rechnet	lobt
wir	-en	kaufen	malen	rechnen	loben
ihr	-t	kauft	malt	rechnet	lobt
sie	-en	kaufen	malen	rechnen	loben

Aufgabe 2: individuelle Lösungen

Seite 17: Aufgabe 3:

Infinitiv	warten	reden
ich	warte	rede
du	wartest	redest
er / sie / es	wartet	redet
wir	warten	reden
ihr	wartet	redet
sie	warten	reden

Aufgabe 4: individuelle Lösungen

Seite 18: Aufgabe 1: ich schlafe, du schläfst, er / sie / es schläft, wir schlafen, ihr schlaft, sie schlafen

Aufgabe 2: individuelle Lösungen

Seite 19: Aufgabe 1: ich helfe, du hilfst, er / sie / es hilft, wir helfen, ihr helft, sie helfen

Aufgabe 2: individuelle Lösungen

Seite 20: Aufgabe 1: ich befehle, du befiehlst, er / sie / es befiehlt, wir befehlen, ihr befehlt, sie befehlen

Aufgabe 2: individuelle Lösungen

Seite 21: Aufgabe 1: individuelle Lösungen

Aufgabe 2:

Infinitiv	sollen	wollen	mögen	müssen	dürfen	können
ich	soll	will	mag	muss	darf	kann
du	sollst	willst	magst	musst	darfst	kannst
er / sie / es	soll	will	mag	muss	darf	kann
wir	sollen	wollen	mögen	müssen	dürfen	können
ihr	sollt	wollt	mögt	müsst	dürft	könnt
sie	sollen	wollen	mögen	müssen	dürfen	können

Seite 22: Aufgabe 1: 1. Was sollen; 2. Sie soll; 3. Du sollst; 4. Ihr sollt; 5. Wir sollen

Aufgabe 2: 1. Ich will; 2. Willst du; 3. Was wollt; 4. Wir wollen; 5. Sie will

Lösungen

Seite 23:
- Aufgabe 1: 1. Ich muss; 2. Du musst; 3. Ihr müsst; 4. Mein Vater muss; 5. Wir müssen
- Aufgabe 2: 1. Der Mann darf; 2. darf ich; 3. Ihr dürft; 4. Wir dürfen; 5. Du darfst
- Aufgabe 3: 1. Er kann; 2. Wir können; 3. Du kannst; 4. Könnt ihr; 5. Wir können
- Aufgabe 4: 1. Ich mag; 2. Magst du; 3. Sie mögen; 4. Wir mögen; 5. Mögt ihr

Seite 24:
- Aufgabe 1: 1. Sie kommt; 2. Sie ist; 3. Sie lebt; 4. Sie wohnt; 5. Sie geht; 6. Sie spricht; 7. Sie lernt; 8. Sie tanzt; 9. Sie isst; 10. Sie hat
- Aufgabe 2: individuelle Lösungen

Seite 25:
- Aufgabe: 1. heiße; 2. kommt; 3. wohnt; 4. kocht; 5. essen; 6. singt; 7. üben; 8. machen; 9. telefonieren; 10. trinkt; 11. macht; 12. Liest; 13. hören; 14. spielen und singen; 15. gehen; 16. fährst; 17. lernen; 18. lernt; 19. male; 20. fotografiert

Seite 26:
- Aufgabe: 1. kommt; 2. wohnt; 3. heißt; 4. machen; 5. kommt; 6. spielt; 7. kaufe; 8. brauche; 9. hole; 10. schreiben; 11. lernt; 12. kochst; 13. gehen; 14. kaufst; 15. spielen; 16. trinkt; 17. haben; 18. hat; 19. gehen; 20. singst

Seite 27:
- Aufgabe 1: Er steht auf. Sie steht auf. Es steht auf. Wir stehen auf. Ihr steht auf. Sie stehen auf. Er ruft an. Sie ruft an. Es ruft an. Wir rufen an. Ihr ruft an. Sie rufen an. Er holt ab. Sie holt ab. Es holt ab. Wir holen ab. Ihr holt ab. Sie holen ab.
- Aufgabe 2: individuelle Lösungen

Seite 28:
- Aufgabe 1: 1. lade ... ein; 2. zieht ... an; 3. liest ... vor; 4. räumt ... auf; 5. sieht ... aus; 6. sehe ... fern; 7. fährt los; 8. setzen ... hin; 9. wacht ... auf; 10. kreise ... ein; 11. kaufen ... ein; 12. bleiben ... auf; 13. stehe ... auf; 14. rufe ... an; 15. fängt ... an; 16. sammelt ... ein; 17. holt ... ab
- Aufgabe 2: individuelle Lösungen

Seite 29:
- Aufgabe:
  - a) Mal(e) ... ! Malt ... ! Malen Sie (bitte) ... !
  - b) Zeig(e) ... ! Zeigt ... ! Zeigen Sie (bitte) ... !

Seite 30:
- Aufgabe:
  - a) Iss ... ! Esst ... ! Essen Sie ... !
  - b) Sieh ... ! Seht ... ! Sehen Sie ... !

Seite 31:
- Aufgabe:
  - a) Komm(e) ... mit ! Kommt ... mit ! Kommen Sie (bitte) ... mit !
  - b) Fahr(e) ... vor ! Fahrt ... vor ! Fahren Sie (bitte) ... vor !

Seite 32:
- Aufgabe: 1. Ruh(e) dich aus ! 2. Seid leise ! 3. Pack(e) deine Sportsachen ein ! 4. Deckt den Tisch ! 5. Steig(e) aus ! 6. Komm(e) mit ! 7. Bleib(e) zu Hause ! 8. Schreibt Oma eine E-Mail ! 9. Mach(e) deine Hausaufgaben ! 10. Besucht euren Freund ! 11. Warten Sie ! 12. Sei ihm nicht böse !

Seite 34:
- Aufgabe: 1. ?; 2. .; 3. !; 4. ?; 5. .; 6. !; 7. !; 8. .; 9. !; 10. ?; 11. !; 12. .; 13. ?; 14. ?; 15. .

Seite 36:
- Aufgabe:
  - Singular: 1. der Bruder; 2. des Bruders; 3. dem Bruder; 4. den Bruder;
  - Plural: 1. die Brüder; 2. der Brüder; 3. den Brüdern; 4. die Brüder

Seite 37:
- Aufgabe:
  - Singular: 1. die Tochter; 2. der Tochter; 3. der Tochter; 4. die Tochter;
  - Plural: 1. die Töchter; 2. der Töchter; 3. den Töchtern; 4. die Töchter

Seite 38:
- Aufgabe:
  - Singular: 1. das Kind; 2. des Kindes; 3. dem Kind; 4. das Kind;
  - Plural: 1. die Kinder; 2. der Kinder; 3. den Kindern; 4. die Kinder

Seite 39:
- Aufgabe:

1. Fall	ein Hund	eine Blume	ein Buch
2. Fall	eines Hundes	einer Blume	eines Buches
3. Fall	einem Hund	einer Blume	einem Buch
4. Fall	einen Hund	eine Blume	ein Buch

Seite 41:
- Aufgabe: 1. den Lehrer; 2. den Rasen; 3. einen Apfel; 4. (die) Hausaufgaben; 5. ein Bild; 6. den Weg; 7. einen Onkel; 8. den Verkehr; 9. eine Geschichte; 10. einen Freund; 11. einen Kuchen; 12. den Patienten; 13. die Gäste; 14. eine Brille; 15. einen Film; 16. eine E-Mail; 17. einen Pullover; 18. (das) Futter; 19. (das) Fernsehen; 20. (das) Eis

So lerne ich Deutsch ... weiter nach und nach! / Band 2
Vielseitige Übungseinheiten zur Stärkung der Alltagskommunikation – Bestell_Nr. 13 089
KOHL VERLAG

Lösungen

Seite 43: Aufgabe:
1. dem Freund; 2. der Freundin; 3. der Mutter; 4. den Gästen;
5. dem Sieger; 6. dem Mädchen; 7. dem Polizisten; 8. der Spur;
9. Dem Mann; 10. den Katzen; 11. der Dame; 12. dem Jungen;
13. einem Verein; 14. dem Trainer; 15. einem Wald; 16. Dem Blitz;
17. dem Ende; 18. den Schülern; 19. Einer Kerze; 20. einem Spieler

Seite 44: Aufgabe:
1. A = einen Brief, D = dem Vater; 2. A = die Wahrheit, D = der Mutter;
3. A = das Essen, D = den Gästen; 4. A = Geld, D = einem Freund;
5. A = gute Besserung, D = dir

Seite 46: Aufgabe 1: a) der; b) des; c) des; d) der; e) der

Aufgabe 2:
a) Wessen Spieler feiern den Sieg?
b) Wessen Hunde bellen laut?
c) Wessen Motor läuft leise?
d) Wessen Birne brennt nicht?
e) Wessen Lärm nervt die Mädchen?

Seite 47: Aufgabe 1: individuelle Lösungen

Aufgabe 2: individuelle Lösungen

Aufgabe 3: mit den beiden Buchstaben -en

Aufgabe 4: a) bläst oder weht; b) blüht oder wächst; c) schmilzt oder taut

Aufgabe 5: ich spiele; du spielst; er / sie / es spielt; wir spielen; ihr spielt; sie spielen

Aufgabe 6: ich gebe; du gibst; er / sie / es gibt; wir geben; ihr gebt; sie geben

Seite 48: Aufgabe 7: sollen, wollen, mögen, müssen, dürfen, können

Aufgabe 8: a) hast; b) kauft; c) rufe ... an

Aufgabe 9: Lies ... ! Lest ... ! Lesen Sie ... !

Aufgabe 10: Punkt (.) Fragezeichen (?) Ausrufezeichen (!)

Aufgabe 11: der Mann, des Mannes, dem Mann, den Mann, die Männer,
der Männer, den Männern, die Männer

Seite 49: Aufgabe 12: die Frau, der Frau, der Frau, die Frau, die Frauen, der Frauen, den Frauen, die Frauen

Aufgabe 13: Wer oder was ... ? Wessen ... ? Wem ... ? Wen oder was ... ?

Aufgabe 14: a) die; b) dem; c) des

Seite 50: Aufgabe 1: freundlich, rot, krank, schlau, schnell, dunkel, groß, süß, fleißig, teuer

Aufgabe 2: individuelle Lösungen

Seite 51: Aufgabe 1: schön, hell, blau, leise, gut, grün, hoch, hübsch, laut, froh

Aufgabe 2: individuelle Lösungen

Seite 52: Aufgabe:

1. tief	tiefer	am tiefsten
2. lang	länger	am längsten
3. alt	älter	am ältesten
4. groß	größer	am größten
5. jung	jünger	am jüngsten

Seite 53: Aufgabe:
1. kalt, 2. hart, 3. teuer, 4. heiß, 5. müde,
6. leise, 7. dunkel, 8. hoch, 9. nah, 10. gut

Seite 54: Aufgabe:
Kinder: a, Buch: b, Katze: a, Stift: b, Seil: b, Ball: b,
Haus: c, Frau: a, Baum: a, Mann: c,

Seite 55: Aufgabe:
1. die hübsche Frau; 2. das neue Handy; 3. der weite Weg;
4. die kleinen Häuser; 5. die lauten Glocken; 6. die hohen Bäume;
7. ein schöner Garten; 8. ein teures Kleid; 9. eine breite Tür

Seite 56: Aufgabe 1:
Akk.: mich, dich, ihn, sie, es, uns, euch, sie
Dat.: mir, dir, ihm, ihr, ihm, uns, euch, ihnen
Gen.: meiner, deiner, seiner, ihrer, seiner, unser, euer, ihrer

Aufgabe 2: a) dir, b) sie, c) uns, d) ihr, e) ihn, f) ihrer

Seite 57: Aufgabe 1:
1. dein; 2. mein; 3. seine; 4. unsere; 5. ihr; 6. unser; 7. eure; 8. ihr
9. seine; 10. ihre

Lösungen

Seite 58: Aufgabe 2:

	der Vater	die Katze	das Haus	der Stift	die Mutter	das Fahrrad
ich	mein	meine	mein	mein	meine	mein
du	dein	deine	dein	dein	deine	dein
er	sein	seine	sein	sein	seine	sein
sie	ihr	ihre	ihr	ihr	ihre	ihr
es	sein	seine	sein	sein	seine	sein
wir	unser	unsere	unser	unser	unsere	unser
ihr	euer	eure	euer	euer	eure	euer
sie	ihr	ihre	ihr	ihr	ihre	ihr

Aufgabe 3: 1. sein; 2. unser; 3. ihre; 4. ihre; 5. sein; 6. meine; 7. dein; 8. euer

Seite 59: Aufgabe 4: 1. ihre; 2. eure; 3. seine; 4. sein; 5. mein; 6. deine; 7. euer; 8. ihre; 9. unser; 10. dein; 11. unsere; 12. deine; 13. seine; 14. meine; 15. seine; 16. ihre; 17. unsere; 18. eure; 19. mein; 20. euer

Seite 60: Aufgabe: 1. meine; 2. ihren; 3. meine; 4. ihr; 5. seine; 6. unseren; 7. euer; 8. ihren; 9. meinen

Seite 61: Aufgabe: 1. meinem; 2. seiner; 3. unserer; 4. seinem; 5. meinem; 6. eurer; 7. ihrer; 8. seinem

Seite 62: Aufgabe: 1. die Frau; 2. das Mädchen; 3. die Schwester; 4. die Nacht; 5. die Erde; 6. der Tod; 7. der Krieg; 8. die Antwort; 9. die Arbeit; 10. der Ernst; 11. die Trauer; 12. die Niederlage; 13. das Pech; 14. der Verlierer; 15. der Schatten; 16. die Lüge; 17. der Traum; 18. die Zukunft; 19. das Ende; 20. die Verabschiedung

Seite 63: Aufgabe: 1. aufhören; 2. einschlafen; 3. schließen; 4. weinen; 5. verkaufen; 6. beschmutzen; 7. hassen; 8. gefrieren; 9. loslassen; 10. gehorchen; 11. erlauben; 12. bejahen; 13. verteidigen; 14. holen; 15. schieben; 16. verbinden; 17. schweigen; 18. flüstern; 19. verlieren; 20. vergessen

Seite 64: Aufgabe: 1. kurz; 2. tief; 3. weich; 4. dunkel; 5. schwach; 6. leise; 7. schlecht; 8. falsch; 9. nass; 10. leer; 11. arm; 12. billig; 13. hungrig; 14. faul; 15. hässlich; 16. traurig; 17. alt; 18. krank; 19. sauer; 20. eckig

Seite 65: Aufgabe: 1. hat gelernt; 2. hat gewartet; 3. hast gespielt; 4. hat geregnet; 5. habe gearbeitet; 6. habt gekocht; 7. haben geredet; 8. haben gefeiert

Seite 66: Aufgabe 1: 1. seid gejoggt; 2. bist gehüpft; 2. bin geklettert; 2. ist passiert

Aufgabe 2: 1. sind gelaufen; 2. seid gekommen; 3. ist geschehen; 4. ist eingeschlafen

Seite 67: Aufgabe: 1. hat; 2. sind; 3. ist; 4. haben; 5. sind; 6. hat; 7. ist; 8. haben; 9. ist; 10. sind; 11. haben; 12. Hast; 13. Ist; 14. Habt; 15. Hat

Seite 68: Aufgabe: 1. bin gegangen; 2. habe gesehen; 3. sind geblieben; 4. haben gespielt; 5. bin geflogen; 6. haben geschrieben; 7. habe gegessen; 8. habe gewaschen; 9. habe verloren; 10. hat geholfen; 11. habe gewohnt; 12. hat gelesen; 13. hat verstanden; 14. sind gefahren; 15. hat gesprochen; 16. habe aufgeräumt; 17. ist eingeschlafen; 18. hat eingeladen; 19. habe hinausgetragen; 20. ist angekommen; 21. ist abgefahren; 22. hat begonnen; 23. sind abgereist; 24. habe angerufen; 25. sind ausgezogen; 26. habe gelernt

Seite 69: Aufgabe: individuelle Lösungen

Seite 70: Aufgabe: individuelle Lösungen

So lerne ich Deutsch ... weiter nach und nach! / Band 2
Vielseitige Übungseinheiten zur Stärkung der Alltagskommunikation – Bestell_Nr. 13 089
KOHL VERLAG

Lösungen

Seite 71:

Aufgabe 1: 1. erzählt; 2. hören zu; 3. stellt; 4. melden sich; 5. beantworten; 6. fragen; 7. antwortet; 8. zeigt; 9. erklärt; 10. lernen

Aufgabe 2: 1. hat erzählt; 2. haben zugehört; 3. hat gestellt; 4. haben sich gemeldet; 5. haben beantwortet; 6. haben gefragt; 7. hat geantwortet; 8. hat gezeigt; 9. hat erklärt; 10. haben gelernt

Seite 72:

Aufgabe: individuelle Lösungen

Seite 73:

Aufgabe:

1. An Schultagen steht der Junge morgens um sieben Uhr auf.
2. Er ist 14 Jahre alt.
3. Der Junge lebt in Hamburg.
4. Er wäscht sich und zieht sich an.
5. Der Junge trinkt Tee.
6. Er isst Müsli.
7. In der Schule kommt der Junge um 8.00 Uhr an.
8. Der Unterricht beginnt um 8.30 Uhr.
9. An Schultagen hat er 6 Stunden Unterricht.
10. Um 15.30 Uhr kommt der Junge nach Hause.

Seite 74:

Aufgabe: individuelle Lösungen

Seite 75:

Aufgabe:

1. Das Mädchen heißt Theofania.
2. Es ist 16 Jahre alt.
3. Die Augen und Haare sind schwarz.
4. Theofania geht in die 10. Klasse.
5. Sie spielt Fußball am Montag.
6. Theofania hat viele Freunde.
7. Theofania ist 1,65 Meter groß.
8. Sie spricht Griechisch und Englisch.
9. Am Wochenende trifft sie eine Freundin.
10. Sie liest gern Bücher.

Seite 76:

Aufgabe: individuelle Lösungen

Seite 77:

Aufgabe 1: blau, schwer, leise, gesund, hübsch

Aufgabe 2: a) lauter; b) alt; c) wärmer; d) am höchsten; e) gut

Aufgabe 3: a) fleißige; b) freundlicher; c) kleinen

Aufgabe 4: a) dir; b) mich; c) ihr; d) uns; e) euch

Seite 78:

Aufgabe 5: a) dein; b) ihre; b) sein; b) unsere; b) euer

Aufgabe 6: a) Trauer; b) Spaß; c) verbieten; d) aufhören; e) hell

Aufgabe 7: a) die; b) das; c) den

Aufgabe 8: a) habe gehört; b) hast geholt; c) haben gewartet; d) habt gebadet

Seite 79:

Aufgabe 9: a) hat; b) ist; c) sind; d) haben

Aufgabe 10: individuelle Lösungen

Aufgabe 11: individuelle Lösungen